INGE SAUER
CHRISTINE KRETSCHMER

Kinder entdecken Architektur

Projekte für die Grundschule

Klett | Kallmeyer

Bibliografische Information der Deutschen Nationalbibliothek
Die Deutsche Nationalbibliothek verzeichnet diese Publikation in der Deutschen Nationalbibliografie; detaillierte bibliografische Daten sind im Internet über http://dnb.d-nb.de abrufbar.

Impressum

Inge Sauer, Christine Kretschmer
Kinder entdecken Architektur
Projekte für die Grundschule

1. Auflage 2011

Redaktion: Stefan Hellriegel, Berlin
Bildredaktion: Inge Sauer
Realisation: Inge Sauer und Dirk Hrdina, Bonn
Druck: Mundschenk Druck- und Verlagsgesellschaft mbH, Soltau
Printed in Germany

ISBN: 978-3-7800-1075-9

INGE SAUER
CHRISTINE KRETSCHMER

Kinder entdecken Architektur

Projekte für die Grundschule

Klett | Kallmeyer

Grußwort

Architektur wird leider viel weniger wahr- als hingenommen.

Obwohl niemand bestreiten wird, dass die Auseinandersetzung mit der ästhetischen Gestaltung von Bauwerken und der gebauten Umgebung eine wichtige kulturelle Aufgabe ist, stehen bei den meisten Initiativen zur Förderung der kulturellen Bildung die klassischen Kunstsparten im Mittelpunkt.

Baukunst zeichnet sich durch eine besondere gestalterische Qualität und Wirkung aus. Diese im Alltag wahrzunehmen, einzufordern und selbst einen Beitrag dazu zu leisten, will gelernt sein. Damit kann man nicht früh genug beginnen.

Um Architektur als Kultur- und Kunstform mehr Aufmerksamkeit zukommen zu lassen, hat die Kulturabteilung der Staatskanzlei des Landes Nordrhein-Westfalen im Jahr 2008 gemeinsam mit der Architektenkammer Nordrhein-Westfalen erstmals einen Modellversuch auf dem Gebiet der Architektur im Rahmen der Initiative des Landes Nordrhein-Westfalen für kulturelle Bildung gestartet. Die Projekte verfolgen grundsätzlich die gleichen Ziele wie das NRW Landesprogramm Kultur und Schule: unkonventionelle, experimentelle Angebote, die die Wahrnehmung schärfen, Kreativität wecken und die Gestaltungsmöglichkeiten der Kinder und Jugendlichen sensibilisieren und bereichern.

Durch die Zusammenarbeit mit den Architekten ergeben sich für die Schülerinnen und Schüler neue Perspektiven und Zugänge zum „baukulturellen Leben".

In dem Modellvorhaben konnten Ergebnisse und Erfahrungen des Aktionsprogramms „Architektur macht Schule" genutzt werden, das seit dem Jahr 2002 vom Ministerium für Schule und Weiterbildung unterstützt wird. Schulen können speziell für sie entwickelte Materialien zur Vermittlung von Architekturthemen bestellen und für den Unterricht nutzen. Schülerinnen und Schüler können gemeinsam mit ihren Lehrern unter fachlicher Begleitung eines Architekten bauliche Projekte entwickeln und realisieren.

In der kritischen Auseinandersetzung mit dem baulichen Umfeld liegt die Chance zur kreativen Gestaltung der eigenen Lebensräume. Schule verändert sich und damit auch ihre Architektur. Durch den Auf- und Ausbau der Ganztagsschulen entwickeln sich Schulen mehr und mehr zu Lern- und Lebensräumen. Kinder und Jugendliche verbringen einen großen Teil ihrer Lebenszeit in Schulen, deshalb ist es wichtig, dort eine Atmosphäre zu schaffen, die sie selbst mitgestalten können.

Inge Sauer hat seit sich seit langem in besonderer Weise für die ästhetische Erziehung unserer Kinder und Jugendlichen engagiert. Dabei hat in den letzten Jahren in ihrer Arbeit das Thema „Architektur und Baukultur" einen wachsenden Stellenwert eingenommen. Zeugnis davon legt in beeindruckender Weise die vorliegende Publikation ab. Das Projektbuch gibt Anregungen, wie das Thema „Architektur" in fächerübergreifenden Unterrichtsvorhaben in Kooperation mit einer Kultureinrichtung als außerschulischem Lernort umgesetzt werden kann – eine Bereicherung für den Schulalltag und ein gelungener Beitrag zur ästhetischen Bildung in nordrhein-westfälischen Schulen.

Inge Sauer und Christine Kretschmer sei hierfür herzlichst gedankt.

Möge die Saat aufgehen, die beide so unermüdlich streuen.

Hans-Heinrich Grosse-Brockhoff
Staatssekretär für Kultur des Landes
Nordrhein-Westfalen (2005–2010)

Vorwort

Architektur geht uns alle an, weil sie unser Leben mitbestimmt. Seit jeher haben Menschen ihre Behausung und ihre Umgebung gestaltet. Die Entwicklung hat dazu geführt, dass unsere Lebenswelt nicht mehr die Natur, sondern die gebaute Umwelt ist. Und immer ist diese auch Ausdruck der Gesellschaft und ihrer Lebensformen. Wie wir unsere Umwelt heute lebenswert gestalten, ist eine Frage der Verständigung über Lebensvorstellungen und über den gemeinsamen Lebensraum.

Voraussetzung für Interesse und Anteilnahme an der Entwicklung unserer Städte ist ein Bewusstsein von der Gestaltbarkeit der gebauten Umwelt. Mehr als bisher sollte der Blick auf die Kinder gerichtet sein. Wie sehen sie die Stadt, in der sie leben? Wie nehmen sie ihre unmittelbare Umgebung wahr? Kinder haben andere Bedürfnisse an die gebaute Umwelt als Erwachsene, und sie haben ein Recht auf eine lebenswerte Umwelt, die ihre Interessen und Bedürfnisse berücksichtigt.

Die Fähigkeit, sich verantwortungsbewusst und kreativ in die Gestaltung der eigenen Lebensräume einzubringen, kommt nicht von allein. Sie muss erlernt werden, und zwar möglichst früh. Eine veränderte Vorstellung von Bildung zeichnet sich ab, einer Bildung, die sich im sozialen Kontext vollzieht. Teil dieser Vorstellung ist die „baukulturelle Bildung", die jungen Menschen das Rüstzeug vermittelt, sich aktiv mit der Umwelt auseinanderzusetzen und sich in deren Gestaltung einzubringen. Kindliche Partizipation nimmt eine zentrale Rolle ein in zeitgemäßen Vorstellungen von Bildung, auch in Bildungsplänen (vgl. Fthenakis 2006, S. 5–7).

Schon die Grundschule sollte Kindern ein Bewusstsein von möglicher Einflussnahme vermitteln. Kinder sollten sensibilisiert werden für Gestalt und Zusammenhänge der gebauten Umwelt. Sie an dieses Thema heranzuführen, ist in den nordischen Ländern seit Jahren Praxis. In Finnland zum Beispiel ist das Recht auf eine „gute gebaute Umgebung" in der Verfassung verankert. Für mehr als 60 % der Schulkinder ist Architektur dort ein Unterrichtsfach (vgl. Kähler 2006, S. 22–25).

In der Grundschule lässt sich das Thema „Architektur" gut in den Unterricht integrieren. Fächerübergreifendes Arbeiten wird ohnehin weitgehend praktiziert. In diesem Fall werden Kunstunterricht, Sachunterricht und Deutschunterricht miteinander verbunden.

Inge Sauer hat in den vergangenen Jahren in vielen Grundschulen mit der Vermittlung des Themas positive Erfahrungen gemacht. Ihre gut realisierbaren Unterrichtsvorhaben zeigt dieses Buch.

Der erste Teil des Buches beginnt mit Jörg Müllers Bildtafeln zur Veränderung einer Landschaft. Sie dokumentieren den fortschreitenden Prozess der Umgestaltung eines Lebensraumes vom Dorf zur Stadt. Vor dem Hintergrund der Begegnung mit diesen Bildern erkunden Kinder die Entwicklung ihrer eigenen Stadt.

Dann wendet sich der Blick auf eine mittelalterliche Stadt. Auch hier sind es Bilder von Jörg Müller, die gezeigt werden. Sie vermitteln einen lebendigen Eindruck vom Leben einer mittelalterlichen Stadt. In den detailreichen Darstellungen kann man gedanklich spazieren gehen und so etwas über Leben und Architektur einer vergangenen Zeit erfahren – und darüber, wie die gebaute Umwelt den Alltag der Menschen bestimmt.

Erneut richtet sich der Blick auf die Gegenwart. Mit dem Thema „Haustüren" wird die Aufmerksamkeit der Kinder auf einen vertrauten, meist aber nicht bewusst wahrgenommenen Gegenstand gelenkt.

Im zweiten Teil des Buches wenden Kinder sich der eigenen Schule und ihrer unmittelbaren Umgebung zu. Um für das Thema „Architektur" zu sensibilisieren, ist dieses Umfeld reizvoll. Mehr als bei einmaligen Exkursionen begegnen Kinder hier dem aufmerksam Wahrgenommenen täglich wieder, etwa den Straßenlaternen, die bislang nicht bemerkt wurden.

Ganz selbstverständlich ergibt sich ein lohnender Blick in die Vergangenheit der unmittelbaren Umgebung. Bilder aus dem Stadtarchiv informieren darüber, wie anders die Häuser aussahen, die in der Straße standen, die die Kinder täglich begehen. Was unterscheidet diese alten Häuser von den heutigen? Beim Vergleich wird auch hier deutlich, wie sich Lebensumstände in der Architektur widerspiegeln.

Der dritte Teil des Buches wendet sich dem Thema „fantastische Architektur" zu. Er zeigt, wie Kinder ihre Vorstellungen von einem „Traumhaus" gestalten und wie sie Geschichten zu fantastischen Häusern und ihren Bewohnern erfinden. Angeregt von Bilderbuch *Immer höher* von Ernst Jandl und Norman Junge entstehen kühne Konstruktionen zum Thema „Türme". Ideen und Entwürfe für die Gestaltung von Straßen und Gebäuden der Stadt beschließen diesen Teil.

Am Ende des Buches finden sich Hinweise zur Präsentation der Werke, die in der Zusammenarbeit mit den Kindern entstanden sind, sowie ein Interview mit Susanne Hofmann von den Berliner Baupiloten.

Dr. Christine Kretschmer

Justus, acht Jahre alt

Gemeinsam mit den Kindern lernen

Wenn drei- oder vierjährige Kinder anfangen zu malen, ist ihr erstes Motiv meist das Gesicht, der Mensch, das zweite das Haus. Das Haus als Ort der Geborgenheit, in dem die Familie den großen Teil des gemeinsamen Alltags verbringt, ist für das Kind von elementarer Bedeutung. *Heim* stellt die deutsche Sprache in den Gegensatz zum un*heim*lichen Ort. Sehr bald spielen Kinder „Häuser-Bauen", sie schaffen zum Beispiel in der Wohnung aus Stühlen, Tischen und Decken *heim*liche und *heim*elige Häuser, Höhlen, in die sie sich zurückziehen und spielen. Mit Bauklötzen, Legosteinen, Modellbögen, aus zufälligen oder vorgefertigten Elementen bauen sie Häuser und Städte. In Modelleisenbahnanlagen kommt das (vor allem männliche) Bedürfnis zum Ausdruck, über einen kleinen Kosmos zu regieren.

Kinder reagieren sehr sensibel auf Orte, weil ihre elementare sinnliche Wahrnehmung noch nicht durch Urteile und festgefügte Vorstellungen verstellt ist. Orte sind ja nicht nur optisch erfahrbar, sondern mit dem ganzen Körper. Sie sind verbunden mit Gerüchen, tastbaren Oberflächen und Geräuschen, Licht, Farbe und Temperatur. Das Phänomen des „Wohlfühlens" an einem Ort hängt von vielen Faktoren ab: zum Beispiel von der Sorgfalt, die auf Lichtgebung, Proportionen, Farbe und Material verwendet wurde. Der Mensch (und übrigens auch das Tier) sucht die Möglichkeit, einen „Standpunkt" zu finden, eine Stelle, an der er sich geschützt fühlt und gleichzeitig den Überblick behält. „Räume bewusst wahrnehmen, sich in ihnen orientieren", heißt es folgerichtig in den Lehrplänen für die Grundschule. Schon die Platzwahl der Kinder in der Klasse sagt viel über das Kind aus: Möchte es in der ersten Reihe in der Mitte sitzen? Lieber ganz hinten in der Ecke? Am Fenster? Im gemeinsamen Gespräch erfahren Lehrer und Kinder bereits vieles über sich und die anderen. Wie so oft gibt es hier kein „falsch" und „richtig" – jeder Mensch hat andere Bedürfnisse – auch im Hinblick auf seine Verortung.

Der Zusammenhang zwischen der Befindlichkeit der Menschen und seinem architektonischen Umfeld ist allgemein bekannt, der „Raum als dritter Lehrer" in der Pädagogik ein geläufiger Begriff. Trotz des elementaren Interesses der Kinder wird das Thema „gestaltetes Umfeld" im Unterricht kaum weitergeführt, die Sensibilität für ihre Umgebung nicht gefördert. Wenige Laien verfügen über das notwendige Vokabular, über Architektur zu reden, bestenfalls wird sie im Kunstunterricht behandelt – und dann meist auf historisch-ästhetischer Ebene. Dabei findet das komplexe Thema bereits in der Grundschule viele Anbindungsmöglichkeiten: vom Kunstunterricht über den Deutschunterricht, Gemeinschaftskunde und Mathematik, auch im Religionsunterricht, wie wir aktuell erleben, wenn es zum Beispiel um den Bau von Moscheen oder Synagogen geht. Nicht nur in den Klassen drei und vier ist das Thema im Lehrplan verankert: „Räume bewusst wahrnehmen und sich in ihnen orientieren, Räume auf unterschiedliche Art gestalten, ... Ort als Lebens-, Wohn-, Lern- Sozial und Spielort erkunden; Spuren aus Natur, Kunst und Kultur im Heimatraum wahrnehmen und daraus eigene Vorstellungen vom Lebensraum entwickeln." Bereits für die Klassen eins und zwei sehen die Lehrpläne eine Erkundung der näheren Umgebung vor: „Wie und wo Kinder wohnen (Stadt, Dorf)". Einige Vorschläge zur Durchführung solcher von Kindern begrüßten Ausflüge in die Umgebung der Schule und Stadtgeschichte haben wir in diesem Buch dokumentiert. Die Unterrichtseinheiten können beliebig erweitert werden: Lehrpläne sehen vor, dass Kinder Lageskizzen und Karten zeichnen. Bereits Erst- und Zweitklässler können ihren Schulweg darstellen, indem sie besonders markante Stellen zeichnen. Erstklässler einer Duisburger Schule beobachteten aufmerksam Details in der Umgebung ihrer Schule (siehe Seite 60f.).

Wie prägend die bauliche Umgebung für die physische und psychologische Entwicklung der Kinder ist, liegt auf der Hand: Können sie herumlaufen, die Welt entdecken, die Kräfte messen, die Dinge begreifen, erfassen? Können sie allein draußen spielen? Ihre Freunde besuchen? Mit dem Fahrrad zum Sportplatz fahren? Wie entwickeln sich Kinder, die in beengten Wohnverhältnissen und in der Nähe von gefährlichen Straßen wohnen, ohne Zugang zu Parks und Plätzen, wo sie sich frei bewegen können?

Sicherlich, die Atmosphäre in der Familie, die Geborgenheit im sozialen Umfeld ist die wichtigste Voraussetzung für ein gelingendes Leben, aber auch die ist eng an die Wohnverhältnisse geknüpft. Lebt das Kind in seinem Viertel in einem kommunikativen, zugewandten Umfeld? Geht diese Kommunikation über die ethnische, kulturelle und soziale Herkunft hinaus? Welche Rolle spielen die Nachbarn, welche Vorbilder bestimmen die Atmosphäre eines Wohnviertels? Alle diese Fragen sind von Voraussetzungen bestimmt, die sich aus der Architektur herleiten und sich darin widerspiegeln. In allen Bundesländern sind in den Lehrplänen der dritten

Orte der Sammlung und Versammlung sorgen auch für politische Diskussionen

und vierten Klasse Fragen des Zusammenlebens fest verankert. Die Voraussetzung für „Gemeinschaft" sind Räume, Orte, an denen die Menschen (unterschiedlicher Kulturen und sozialer Herkunft) miteinander kommunizieren können. Früher war dies der Marktplatz. Noch heute ist in Italien „la piazza" und der dort hinführende „corso" der Ort der Begegnung, deutlich abgegrenzt von der Privatsphäre, „la casa", was „Haus" und auch „Wohnung" heißt.

Die traditionellen Rituale, die Menschen zusammenbringen und aneinander binden, verlieren in der modernen Gesellschaft immer mehr an Bedeutung. Der Sinn von Festen und Ritualen ist ebenfalls ein Thema der Grundschullehrpläne. Christliche Kirchen leeren sich, während andere Religionsgemeinschaften in der Diaspora um ihre Gotteshäuser kämpfen. Den Charakter dieser Orte zu ergründen, die Wirkung der Architektur und den Zusammenhang zwischen Architektur und religiösem Ritual deutlich zu machen, ist ein Bestandteil des Themas „viele Kulturen in einer Welt". Dazu gehört sicherlich ein Besuch einer Synagoge oder Moschee. Kirchen in unseren Städten und Dörfern bieten über das Gespräch über die christliche Religion hinaus eine erste Begegnung mit Kunstgeschichte an. In fast allen deutschen Städten und Dörfern sind – trotz Kriegszerstörung – alte Kirchen zu finden. Kunsthistorische Grundkenntnisse vermittelt unser Buch nicht, das sprengt den Rahmen der praxisorientierten Projekte. Aber Hinweise zu weiterführender Literatur sind auf der Seite 118 zu finden.

Der Ort, an dem die Schüler – außer ihrer elterlichen Wohnung –- die meiste Zeit verbringen, sollte im Mittelpunkt architektonischer Sorgfalt stehen. „Gute und gleichwertige Chancen für Bildung und Erziehung

Drei beispielhafte Bauten: Maria-Montessori-Gesamtschule in Aachen, Hermann-Lietz-Schule in Haubinda, Crèche in Bremen

zu schaffen, gehört zu den wichtigsten Aufgaben einer Gesellschaft. Schulbauten sind vor diesem Hintergrund nicht nur funktionale Gebäude für den Unterricht, sondern sie spiegeln die dominierenden bildungspolitischen Absichten und architektonischen Leitbilder ihrer Zeit wider. An der Qualität ihrer Gestaltung und an ihrem baulichen Zustand lässt sich ablesen, welcher Stellenwert in einer Gesellschaft der Bildung und Erziehung beigemessen wird, denn an den Schulen wird das Fundament für Ausbildung, Studium und Beruf gelegt." (Wüstenrot Stiftung 2004, Klappentext)

Bevor sich ein Lehrer diesem Thema zuwendet, lohnt sich ein Blick auf vorbildliche moderne Architektur in Fachzeitschriften oder Büchern und ein Ausflug zu sorgfältig nach neuen Konzepten gebauten Schulen und Kindertagesstätten in der näheren Umgebung. Um einladende Lern- und Aufenthaltsorte kennenzulernen, muss man jetzt nicht mehr in die skandinavischen Länder fahren. Selbst in Deutschland gibt es vorbildliche Schulbauten, auch wenn sie leider nach wie vor eine Ausnahme darstellen. Jedoch die positiven Beispiele einer Zusammenarbeit zwischen Schülern, Lehrern und Architekten beweisen, dass partizipative Projekte möglich sind. (Im Kapitel 6 gehen wir auf das Thema „Schularchitektur" unter dem Aspekt „partizipative Planung" ein.)

In diesem Buch ist ein Kapitel dem Thema „Präsentation" gewidmet. Problematisch sind in manchen Lehrplänen verankerte Initiativen wie „Der Klassenraum als gestalterischer Anlass". Die wenigsten Lehrer sind von einem bewusst gestalteten Umfeld geprägt oder in gestalterischen Disziplinen ausgebildet. Leider wird eine falsch verstandene „Befreiung" vermeintlich zwanghaft „ordentlicher" Strukturen als besonders kreativ angesehen. „Fröhlich und bunt" gestaltete, „lustig" krumm und schief aufgehängte Bilder und selbstbemalte Wände tragen nicht zur Steigerung des Wohlbefindens bei. Hier ist oft eine Mischung aus Hilflosigkeit und Übereifer zu beobachten. Möglicherweise können Eltern zu Hilfe gebeten werden, die als Designer, Architekten oder Innenarchitekten ausgebildet sind. Wenige, gut ausgewählte und ordentlich präsentierte Arbeiten sind besser als viele, auch wenn man jedem Kind Platz für seine Arbeit einräumen möchte. (In dem Falle sind Gemeinschaftsarbeiten oft eine gute Lösung.) Leere Wandflächen sind ein wichtiger Ruhepunkt für das Auge, wenn die Farben gut gewählt sind!

Über den ästhetischen Aspekt von Architektur trauen sich die meisten ein Urteil zu. Aber für die Wahrnehmung des Beispielhaften bedarf es guter Vorbilder. Zwar sind spektakuläre Bauten von „Stararchitekten" Publikumsmagneten und allgemein bekannt, aber Beispiele einer lebenswerten, ökologischen, preiswerten und ästhetisch vorbildlichen modernen Bebauung kennen die Wenigsten.

Die Architektenkammer engagiert sich mit ihrem Programm „KidS" (Kammer in der Schule), die „Baupiloten" der TU Berlin entwickeln mit den Schulkindern sehr ungewöhnliche Projekte, die sie professionell umsetzen, Landesinitiativen wie „Stadtbaukultur NRW" bieten in Projekten Workshops zur baukulturellen Bildung von Kindern und Jugendlichen an. JAS - Jugend Architektur Stadt e.V., der seinen Sitz in Essen hat, ist bereits seit mehreren Jahren überregional aktiv. „Mit seinen Aktivitäten möchte der Verein junge Menschen anregen, Architektur, Design, Stadt und Landschaft mit allen Sinnen wahrzunehmen, neu zu entdecken und mit eigenen Mitteln mitzugestalten. Ziel ist es, Kindern einen verantwortungsvollen und kreativen Umgang mit unterschiedlichen Räumen zu vermitteln." (Broschüre JAS VOR ORT, 2010)
Mit der Aktion PLATZDA! regte das Stadtplanungsamt Düsseldorf Bürgerinnen und Bürger an, sich mit ihren Plätzen auseinanderzusetzen und diese in Kooperation mit Kulturschaffenden zu bespielen.
Die Montag Stiftungen kümmern sich um das Thema „Urbane Räume / Jugend und Gesellschaft". Leider sind die Institutionen zum Teil schlecht vernetzt, und die Initiativen gehen nur von einzelnen, engagierten Personen aus.
In Holland und anderen Ländern werden seit vielen Jahren Künstler beauftragt, gemeinsam mit Bewohnern Konzepte zu entwickeln, die Stadtviertel lebenswerter zu gestalten. Solche Aktionen machen Mut, sich aktiv in Planungsprozesse einzumischen. „Beteiligung im Gemeinwesen", die Grundvoraussetzung einer Demokratie, ist in einigen Lehrplänen bereits in der ersten und zweiten Klasse vorgesehen.
Am Anfang steht die Auseinandersetzung mit der bebauten Umgebung und das Bewusstsein: „Die Stadt (das Dorf) gehört uns allen". Damit solche Initiativen nicht in der Förderung von Gartenzwergidyllen steckenbleiben, sondern progressives Bauen fördern, bedarf es einer rechtzeitigen Auseinandersetzung mit dem Thema.

Dieses Buch soll Lehrern und Eltern, die sich vielleicht noch nicht mit dem Thema auseinandergesetzt haben, Mut machen, sich damit zu beschäftigen. Es setzt keine fachlichen Kenntnisse voraus, sondern basiert auf übersehbaren Projekten, die leicht auf die individuelle Situation angepasst werden und beliebig erweitert werden können. Ein erfreulicher Nebeneffekt ist, dass auch Eltern und Lehrer an ein Thema herangeführt werden, mit dem sie sich bisher vielleicht nicht bewusst beschäftigt haben.

Inge Sauer

Identifikation durch Partizipation

1 | Vom Dorf zur Stadt

Mittwoch, 6. Mai 1953

Donnerstag, 16. August 1956

Freitag, 20. November 1959

Samstag, 19. Januar 1963

Sonntag, 17. April 1966

Montag, 14. Juli 1969

Dienstag, 3. Oktober 1972

„Ich möchte weder Moralist noch Lügner sein…", ist in dem Vorwort zum „meistdiskutierten Bilderbuch" zu lesen.

1.1 Veränderung einer Landschaft – gesehen mit den Augen eines Künstlers

Jörg Müllers Tochter war vier Jahre alt, als er ihr die Veränderungen der Landschaft erklären wollte, die er selbst erlebt hatte. Er kam auf die Idee, einen immer gleichen Bildausschnitt im Laufe der Zeit darzustellen, so, als habe man mit einer fixierten Kamera alle drei Jahre ein Bild fotografiert. Die entstandenen Bildtafeln mit dem Titel: „Alle Jahre wieder saust der Presslufthammer nieder oder Die Veränderung einer Landschaft" erlebten als Bilderbuch eine erstaunliche Erfolgsgeschichte.

Sieben Bilder dokumentieren den Prozess der fortschreitenden Veränderung eines Lebensraumes über 20 Jahre. Wo anfangs eine blühende Landschaft zu sehen ist, ein Haus, umgeben von Wiesen und Feldern, im Hintergrund ein Dorf, befinden sich am Ende ein Gewerbegebiet mit Einkaufszentrum und eine Autobahn. Im Zentrum der Bilder steht ein rosafarbenes Haus, im Vordergrund ein Baum. Erwachsene gehen ihrer ländlichen Arbeit nach und Kinder spielen, umgeben von üppigem Grün, an einem Teich.
Im sechsten Bild wird das Haus abgerissen, der Baum im Vordergrund gefällt. Am Schluss spielen die Kinder auf einem trostlosen Spielplatz auf der ersten Etage des Supermarktes.
Ohne kommentierenden Text stellt Müller dar, wie aus blühenden Feldern eine Betonwüste wird. Er registriert mit kritischem Blick und sagt: „Ich möchte weder Moralist noch Lügner sein."

Kinder nehmen die Veränderung ihrer Umgebung normalerweise kaum wahr. Deshalb sind Jörg Müllers eindrucksvolle Bildtafeln, die den Wandel mit dem Zeitraffer erfassen, geeignet, sehen zu lernen und über die gestaltete Umwelt nachzudenken. Weil die Bilder ohne Text sind, rufen sie Sprache sozusagen herbei. Detailfreude und optischer Einfallsreichtum regen zum Sprechen und Erzählen an.

Bildtafeln betrachten, staunen, Veränderungen entdecken

Ablauf

Wenn es gelingt, die Mappe mit den Bildtafeln zu beschaffen, können die sieben ca. 30 x 85 cm großen Farbtafeln in Augenhöhe der Kinder im Raum aufgehängt werden. Die Kinder haben dann Gelegenheit, die Bilder immer wieder zu betrachten.

Für eine erste Begegnung mit den Bildern eignen sich aber auch Farbfolien von den hier abgedruckten Seiten. Die Bildtafeln werden dann zunächst nacheinander mit einem Tageslichtprojektor gezeigt. Bei jedem Bild sollten die Kinder hinreichend Zeit zum Schauen haben. Wenn alle Bilder gezeigt sind, werden Eindrücke und Entdeckungen im Gespräch zusammengetragen. Vielleicht geben Sie den Kindern die Information, dass zwischen den Bildern jeweils ein Abstand von ca. drei Jahren liegt.

Zur vertiefenden Bildbetrachtung können die Kinder in Partnerarbeit zwei oder drei der Bildtafeln genauer ansehen, miteinander vergleichen und die Veränderungen, die sie feststellen, notieren. Dazu sind genügend Farbausdrucke von jeweils zwei oder drei Bildern nötig. Alternative: Etwas anspruchsvoller, aber motivierend ist es, je zwei Kindern die Bildtafeln ungeordnet und mit abgedeckten Daten zu geben. In diesem Fall sind von den beiden ausgewählten Seiten Farbkopien in der Menge der halben Klassenstärke nötig. Die Aufgabe ist dann, eine zeitliche Reihenfolge herzustellen. Intensives Hinsehen, Gespräche über das Wahrgenommene und Begründungen für die Anordnung ergeben sich so von selbst.

Im anschließenden Gespräch tauschen die Kinder ihre Entdeckungen und ihre Überlegungen zur Veränderung der Landschaft aus.

Wenn das Interesse der Kinder an der Veränderung der Umwelt geweckt ist, liegt es nahe, den Blick auf die eigene Umgebung zu richten. Der folgende Beitrag ist ein Beispiel für eine solche Erkundung.

Jörg Müller bei der Arbeit an seinem zweiten Teil der Bilderbögen *Hier fällt ein Haus, dort steht ein Kran und ewig droht der Baggerzahn oder Die Veränderung einer Stadt*, 1976

Alter
8–12 Jahre

Zeitrahmen
1 Doppelstunde

Material
- Farbfolien der Bildtafeln
- Tageslichtprojektor
- Farbkopien der Bildtafeln (je 2–3 Bilder für 2 Kinder)
- wenn möglich: Bildermappe *Alle Jahre wieder saust der Presslufthammer nieder oder Die Veränderung einer Landschaft* von Jörg Müller

Bis 1994 stand hier die „Kappesfabrik", nach ihrem Abriss wurde links von ihr das neue Rathaus gebaut.

1.2 Unsere Stadt war mal ein Dorf

Auch in diesem Kapitel geht es um Veränderungen der gebauten Umwelt – und darum, wie Kinder sie erleben. Am Beispiel einer Stadt im Westen Deutschlands wird gezeigt, wie Kinder sich als aufmerksame Beobachter der eigenen Umgebung zuwenden. Das Beispiel dient zur Anregung, die jeweils eigene Stadt oder Gemeinde zu erkunden.

Das neue Rathaus

Kaarst liegt am linken Niederrhein. Die Stadt hat ca. 42.000 Einwohner und gehört zum Rhein-Kreis-Neuss (NRW). Der Name der Stadt taucht 1218 als Carlesforst in den Urkunden auf. Die beiden ältesten Bauwerke der Stadt, die St.-Martinus-Kirche im Stadtteil Kaarst und die Pfarrkirche St. Aldegundis im Stadtteil Büttgen, stammen beide aus dem 12. Jahrhundert.
Seit der Eröffnung der Bahnlinie Neuss–Viersen 1877 siedelten sich erste Betriebe und kleinere Fabriken in Kaarst an. So entstanden gewerbliche Arbeitsplätze und gewerbliche Gebäude in der bis dahin rein landwirtschaftlich geprägten Gegend.
Bis in die 1970er-Jahre wurde im heutigen Stadtgebiet noch intensiv Milchwirtschaft betrieben. Heute werden nur noch auf wenigen Höfen in der Umgebung Kühe gehalten.

Den Stadtkern prägt das 1994 fertiggestellte Rathaus des Kölner Architekten Prof. Erich Schneider-Wessling. Mit dem Rathaus und dem umgebenden Park realisierte der Architekt die Vorstellung, in der Kaarster Stadtmitte Natur und Zivilisation in Einklang zu bringen. Der Bund Deutscher Architekten zeichnete das Gebäude mit einem Preis für positive Stadtentwicklung aus.
Das Rathaus mit dem markanten Turm dominiert das Bauensemble, das aus einer Vielzahl einzelner Bauwerke besteht: Rathaus, Bürgerhaus, Café, Büro- und Wohngebäude, Geschäfte. Auffällig sind die abgehängten oder überspannten Bauteile, Vordächer und Brücken und die Verkleidung mit Zinkblech, die Einbeziehung von Wasserflächen und großzügigen Parkanlagen.

Die Stadt besitzt ein engagiert betriebenes Stadtarchiv, in dem man sich über den Besuch von Kindern freut. Dort ist man gerne bereit, Bilder von charakteristischen Gebäuden und Orten herauszusuchen und auszudrucken. Auch die Mitarbeit an Projekten wird angeboten. Bei einer Ortserkundung werden nun die im Stadtarchiv besorgten Bilder von historischen Gebäuden mit der neuen Bebauung verglichen. Außerdem werden die Kinder angeregt, die Gebäude und Orte, die auf den Fotos zu sehen sind, auf dem Stadtplan zu kennzeichnen und ihre Beobachtungen zu notieren.

Alter
8–10 Jahre

Zeitrahmen
3–4 Doppelstunden

Material
- Blätter für Notizen, Schreibunterlage, Stifte
- Stadtplan (auch Vergrößerungen bestimmter Stadtteile)
- alte Stadtansichten aus dem Stadtarchiv, aus Kalendern oder Heimatbüchern
- Pappen und Kleber zum Aufziehen der Bilder

Ablauf

Archivbesuch

Wenn möglich, besuchen die Kinder das Stadtarchiv. Zur Vorbereitung werden der Termin und der Grund des Besuchs mit der Archivarin bzw. dem Archivar abgesprochen und eine Vorauswahl geeigneten Materials getroffen.
Schon vor dem Besuch möchten die Kinder sicher wissen, was sie im Archiv erwartet. Sie erfahren, dass ein Stadtarchiv Akten und Urkunden, Zeitungen, Fotos, Filme etc. sammelt, um das Leben in der Stadt nachvollziehbar zu machen. Es ist das öffentliche Gedächtnis der Stadt. Deshalb bewahrt es historische Quellen auf. Sie bilden die Grundlage für die Stadtgeschichtsforschung. Ausgewähltes Material, das beim Archivbesuch bereitgestellt wird, begleitet die Kinder bei ihrer Stadterkundung. Die Fotos werden dazu auf Pappen geklebt.

Erkundungsgang

Mit den alten Fotos und den dazugehörigen Adressen, dem Stadtplan, einer Schreibunterlage und einem Stift begeben sich die Kinder auf ihren Erkundungsgang. Der Weg wird auf dem Stadtplan (bzw. auf dem vergrößerten Ausschnitt des Stadtplans) verfolgt und eingezeichnet. An den Stellen, an denen die alten Fotos aufgenommen wurden, machen die Kinder Notizen.
An alten Gebäuden entdecken die Kinder z. B. „Verschleißspuren". Sie stellen fest, dass Treppen in der Mitte heruntergetreten sind. Das bisher wenig beachtete Straßenpflaster fällt ihnen auf. Auch die neue Architektur betrachten sie aufmerksam. „So viel Glas", stellen sie beim Anblick des Rathauses fest.
Nach dem Erkundungsgang kommen die Eindrücke zur Sprache. Die Frage, woran alte und neue Gebäude zu erkennen sind, wird zum Thema.

Die passende Unterlage zum Schreiben steht schon vor dir!

Auf dem Weg ins Stadtarchiv

Kindertexte

Im Anschluss schreiben die Kinder zu ihren Notizen kleine Texte. Daraus geht hervor, wie die Kinder der Vergleich von Altem und Neuem beschäftigt und wie ihre Einschätzung ist. Viele Kinder kommen zu dem Ergebnis, dass es auf dem Foto von früher „schöner" ist:

Alte Heerstraße Ecke Martinusstraße
Früher waren dort nur kleine Einfamilienhäuser und es fuhren wenig Autos auf unserer Hauptstaße.
Heute ist alles ganz anders.
Die lauten Autos, Busse und Lastwagen rasen die Straße entlang und man kann nur mit starken Nerven dort wohnen.

Moritz P.

Als es so Langsam moderner wurde rissen die Lecte fast alle Häuser am Dreieck ab. Das ist schade. Heute siht fast alles gleich aus.

„Früher gab es viel mehr Landschaft und vielleicht ein, zwei Häuser dazwischen. Mir gefällt es besser, wie es früher war."

„Ich fand es früher besser, es waren immer schöne Häuser und man konnte schön die Natur sehen."

„Alle schmückten dort zum Schützenfest ihre Häuser besonders schön." (s. Abb.)

Hinter dem Rathaus
Die Luftaufnahme beweißt:
In Kaarst wird viel zuviel gebaut.
Alte Bauernhöfe mit ihren großen Grundstücken wurden abgerissen um dort neue Mehrfamilienhäuser zu bauen.

Das Haus des Schützenkönigs 1948

Das Bauernhaus Schwengers in den 1950er-Jahren

Manche kommen beim Vergleich früher und heute zu dem Ergebnis, beides passt zusammen:
Eichendorffstraße – Oderlandstraße

Früher war zwischen der Eichendorffstr. und der Oderlandstr. eine große Wiese. Es war noch nicht so verbaut wie heute. Damals gab es noch keine geflastert Straße sondern ein kleinen Pfad. Wo früher die Wiese war stehen heute viele Häuser. Es gibt jetzt auch eine Straße und einen Spielplatz. Ich find es heute und auch früher schön. Am besten finde ich, wenn man beides zusammen kombiniert. Die Bauern

Eine besondere Rolle spielt das Rathaus in der Wahrnehmung der Kinder:

Rathaus

Das Grundstück des Rathauses beherbergte bis 1994 die Kappesfabrick Wir. Heute sind Ehrdume, Stadtrat und das Büro des Bürgermeisters dort untergebracht

Philip

Heute ist es das Stadtzentrum, und früher der Stadtrand, wo die Leute arbeiten gingen.

Rathaus

Früher war es nur eine Sauerkrautfabrik und es gab viel Wiese mehr als heute.

Jetzt steht da ein modernes Haus und es gibt einen Park. Viele Leute laufen da herum. Das ist heute die Ortsmitte.

Früher fand ich besser, weil es viel grüner und schöner aussah.

Ricardo

„Ich finde das Rathaus besser und am besten, dass sie nicht die Wiese weggebaut haben. Ich finde es jetzt schöner, denn ich gehe häufig dahin und sehe das Rathaus aus dem Fenster. Eine schönere Stadt gibt es nicht."

Als in den 1960er-Jahren die Autobahn 52 fertiggestellt wurde, verdreifachte sich in wenigen Jahren die Einwohnerzahl. Die Bauernhöfe verschwanden.

Manche Kinder sind erstaunlich informiert und entschieden in ihrem Urteil:

„Am Dreieck (früher und heute)
Früher war am Dreieck ein altes Haus.– Heute ist nur noch die Fassade vorhanden. Hinter der Fassade hat ein Architekt ein modernes Haus entworfen. Der Rest des alten Hauses wurde abgerissen. Ich persönlich finde das neue Haus mit der alten Fassade eine architektonische Meisterleistung. Es ist dem Architekten gelungen, alt und neu zu kombinieren. So vergisst man das alte Kaarst nämlich nicht."

Integration einer historischen Fassade in einen Neubau

Viele Kinder beschäftigt das Leben der Menschen früher und heute:

„Das Bauernleben war schwer. Damals gab es keine so guten Maschinen wie heute. Der Bauer musste alles selbst mit seinen Händen machen. Heute ist das Leben leichter und bequemer. Die Bauern mussten früh aufstehen und schwer schuften. Später verkauften die Bauern etwas von ihrem Land, um nicht so schwer arbeiten zu müssen."

Zeitzeugen befragen
Im Laufe des Erkundungsganges ergaben sich viele Fragen. Die Kaarster Kinder interessierte, weshalb Bauern ihr Land verkaufen, sie überlegten, weshalb in ihrer Umgebung so viele Wohnungen gebaut werden. Wer kann solche Fragen besser beantworten als Zeitzeugen?
In vielen Städten gibt es einen Heimatverein, der gerne bereit ist, Kontakte zu Zeitzeugen zu vermitteln. Auch Großeltern können angesprochen werden. Sicher findet sich jemand, der den Kindern von der vergangenen Zeit erzählt.

Der Marktplatz im Mittelalter aus den Bildtafeln zum Buch *Auf der Gasse und hinter dem Ofen*

Die 2 × 4 m großen Originale in der Ausstellung im Kornhausforum in Bern, 2009

1.3 Eine Stadt im Mittelalter

Viele europäische Städte sind über 1000 Jahre alt, manche Stadtgründung geht sogar auf die Römer zurück. Die meisten Stadtgründungen fanden im Mittelalter statt; in dieser Zeit entstanden im mitteleuropäischen Raum Universitäten, Kathedralen, und bedeutende Klöster wurden errichtet.

Der Blick auf Karten und Stadtansichten zeigt die mittelalterliche Stadt, umgeben von einer Mauer, als geschlossenen Raumkörper. Die Stadt war Ausdruck einer besonderen architektonischen und gesellschaftlichen Ordnung. Innerhalb der Mauer entstand ein Friedensbereich, in dem das Stadtrecht galt.
Das städtische Wirtschaftsleben war durch Handel und Gewerbe bestimmt. Es gab Kaufmanns-, Handwerkerviertel und Plätze. Von besonderer Bedeutung für den Handel und das städtische Leben war der Marktplatz.

Einen lebendigen Eindruck vom Leben in einer mittelalterlichen Stadt geben die 2 × 4 m großen Bildtafeln, die Jörg Müller 1992 für eine Ausstellung zeichnete. 1995 erschienen sie als Bildmappen und als Buch: *Auf der Gasse und hinter dem Ofen. Eine Stadt im Spätmittelalter*. Die Texte zum Buch stammen von der Archäologin und Jugendbuchautorin Anita Siegfried, der Archäologe Jürg E. Schneider begleitete das Projekt als wissenschaftlicher Berater.
In Jörg Müllers detailreichen Darstellungen kann man gedanklich spazierengehen und viel über das Leben der vergangenen Zeit erfahren. Die Bilder und die informativen Texte bilden die Grundlage der folgenden Anregungen.

Jörg Müller (rechts) und Hannes Fluri
bei der Montage in Bern

Die Stadtmauer – einen Bildausschnitt betrachten, Vorwissen zusammentragen

Die Unterrichtsvorschläge beginnen mit einem Bildausschnitt aus der ersten Bildtafel. Zu sehen ist eine vom Wasser und von einer Stadtmauer umgebene mittelalterliche Stadt in ihrem Umland. Der Bildausschnitt (rechte Seite unten) zeigt einen Teil der Stadtmauer mit Turm und Zugbrücke.

Die turmbewehrten Stadtmauern mittelalterlicher Städte wurden von der Stadtregierung und den Bürgern als sichtbares Zeichen der städtischen Ordnung errichtet. Sie markierten die Grenze zwischen dem Umland und dem geregelten Leben in der Stadt. Damit dienten sie dem Schutz der Stadtbewohner, des Marktes und der in der Stadt gelagerten Güter. Die Mauern gewährten Sicherheit, vor allem nachts, denn nach Sonnenuntergang wurden die Stadttore geschlossen und die Brücken hochgezogen.

Alter
9–10 Jahre

Zeitrahmen
1 Unterrichtsstunde

Material
- Farbfolie des Bildausschnittes der turmbewehrten Stadtmauer
- Farbfolie mit den Bilddetails
- Tageslichtprojektor

Ablauf
Der Bildausschnitt ist gut geeignet, das Vorwissen der Kinder über mittelalterliche Städte und über das Leben im Mittelalter zusammenzutragen. Dazu sollte von der Abbildung eine Farbfolie hergestellt und mit einem Tageslichtprojektor gezeigt werden. Die Kinder betrachten das Bild in Ruhe und äußern nach einer Weile ihre Einfälle. Einige Impulsfragen bieten sich an:

- Weshalb war die Stadt wohl von Mauern umgeben?
- Könnt ihr euch vorstellen, weshalb die Stadtmauer auch Türme hatte?
- Weshalb brauchte man wohl eine Zugbrücke?
- Was wisst ihr über das Leben in der Stadt?
- Wie stellt ihr euch das Leben außerhalb der Stadtmauer vor?

Während des Gesprächs stellt sich nicht nur heraus, über welche Vorkenntnisse die Kinder verfügen, sondern auch, wie groß ihr Interesse am Thema ist. Wenn lebhaftes Interesse geäußert wird, bereitet man das Thema als Projekt vor. Dies liegt vor allem dann nahe, wenn unterschiedliche Fächer (Kunstunterricht, Sachunterricht, Deutschunterricht) einbezogen werden können.

Bildausschnitte der turmbewehrten Stadtmauer

Rathaus

Fischverkauf

Stand des Baders

Stand des Schreibers

Der Marktplatz – Bildausschnitte deuten, im Bildzusammenhang auffinden

Charakteristisch für den Kern der mittelalterlichen Stadt war eine dichte Bebauung mit engen, verwinkelten Gassen und dem Marktplatz als architektonischem Zentrum der Stadt und als Drehscheibe des Handels.

Auf dem Marktplatz befanden sich die öffentlichen Gebäude der Bürgergemeinde: das Rathaus, die Zunfthäuser, die Korn- und Salzspeicher. Daneben gab es Trinkstuben und öffentliche Badestuben. Auf dem Platz fand der tägliche Markt oder Wochenmarkt für den Alltagsbedarf statt, hinzu kamen überregionale Jahresmärkte. Begünstigt durch die Ausweitung der Handelswege stieg der Fernhandel sprunghaft an. Deshalb wurden auf den städtischen Marktplätzen auch fremde Gewürze, Stoffe, Pelze und Luxusgegenstände angeboten.

Die Märkte dienten nicht nur dem Kaufen und Verkaufen. Sie waren auch Treffpunkte, wo Menschen Neuigkeiten erfuhren und Nachrichten austauschten.

Das Rathaus war das Zentrum der weltlichen Organisation einer Stadt und sowohl Tagungsort des Rates als auch des städtischen Gerichts.

Auf dem Tages- oder Wochenmarkt kaufte man die Nahrungsmittel für den täglichen Gebrauch, im Bild sehen wir Fische.

Der Bader (Barbier, Heilgehilfe) hatte neben den studierten Ärzten eine wichtige Funktion. Er war zuständig fürs Zähneziehen, das Aderlassen, das Schröpfen oder das Behandeln kleinerer Beschwerden.

Weil nur wenige Menschen lesen und schreiben konnten, war der Schreiber am Markttag ein viel besuchter Mann. Ihn ließ man Briefe oder Verträge schreiben.

Ablauf

Vorbereitung: Die Bilder auf diesen Seiten werden dreimal kopiert und ausgeschnitten. Auf diese Weise stehen 15 einzelne Bilder zur Verfügung.

Die Kinder arbeiten zu zweit. Sie bekommen jeweils ein Bild mit einem Detail des mittelalterlichen Markttages. Sie betrachten das Bild in Ruhe und stellen Vermutungen und Überlegungen zum Dargestellten an. Um ihnen eine Orientierung zu geben und um die Äußerungen zusammenzutragen, empfiehlt es sich, an der Tafel oder auf Plakaten Rubriken anzulegen:
das Rathaus, der Fischstand, der Stand des Heilgehilfen (Baders), der Stand des Schreibers, die Trinkstube.

Anschließend wird das gesamte Bild von Seite 22 (als Farbfolie) mit dem Tageslichtprojektor gezeigt. Die Kinder versuchen nun, ihren Bildausschnitt auf der Bildtafel wiederzufinden, um ihn den übrigen Kindern zeigen und erklären zu können. Dabei können Sie die Vermutungen und Überlegungen mit weiterführenden Informationen ergänzen. Die Berufe des Baders und des Schreibers benötigen sicher eine Erläuterung. Es wird die Kinder auch interessieren, wie man in Städten ohne Kanalisation lebte:

„Eine der vielen Belästigungen, die den Stadtbewohnern zu schaffen machten, war der Kot der überall frei herumstreunenden Schweine. Die Tiere dienten aber auch als Abfallbeseitiger, denn sie fraßen den Unrat, der in den Straßen herumlag. Mindestens ebenso störend war die gewerblich bedingte Verschmutzung der Straßen und der Stadtbäche durch die Gerber, Metzger und Färber und überhaupt durch die in engen Verhältnissen lebende Bevölkerung. Es gibt Berichte über Ärzte, die gebrauchtes Verbandszeug auf die Straße warfen, oder über Hausbewohner, die ihren Nachttopf zum Fenster hinaus auf die Gasse entleerten … Gestank, Lärm, Rauch und Umweltverschmutzung waren also Probleme, mit denen sich schon die Menschen einer mittelalterlichen Stadt täglich herumschlagen mussten." (Müller u. a. 1995, S. 39)

Auf dem Marktbild ist noch vieles zu entdecken. Vielleicht ermuntern Sie die Kinder in Abwandlung des Kinderspiels „Ich sehe was, was du nicht siehst" eine Szene des Bildes, eine Figur oder Figurengruppe, ein Gebäude etc. zu beschreiben und es von anderen Kindern auffinden zu lassen.

Die Trinkstuben mit dem Laubkranz über dem Eingang waren Anziehungspunkte nicht nur für die Bürger, sondern auch für Bettler und allerlei Gesindel.

Alter
9–10 Jahre

Zeitrahmen
1 Unterrichtsstunde

Material
- Farbfolie der Bildtafel des mittelalterlichen Markttages, S. 22
- Tageslichtprojektor
- 3 Farbkopien der Seite mit den fünf Bilddetails, S. 26/27

Holzhäuser und Steinhäuser

Im Spätmittelalter verbesserte sich die Lebens- und Wohnqualität. Die ältesten Häuser einer Stadt waren aus Holz gebaut. Im Laufe des 13. Jahrhunderts kamen Fachwerkhäuser auf, die mit Holz und Lehm, teils auch mit Steinen, gebaut wurden. Der größte Nachteil der Fachwerkhäuser war, dass sie leicht brannten. So wurde für die Häuser nahe der Stadtmauer behördlich vorgeschrieben, dass der Erdgeschoss-Sockel aus Stein gemauert werden musste. Wohlhabende Bürger ließen sich Steinhäuser bauen. Stein brennt nicht wie Holz und verwittert nicht so leicht wie Lehm. Diese Häuser wurden mit der Zeit mit einem Abort-Erker versehen.

Auf Jörg Müllers Marktbild lassen sich die Materialien, mit denen die Häuser gebaut wurden, gut unterscheiden. So sind die drei Häuser in der Mitte der Häuserreihe (im Bildvordergrund) aus Stein und Holz gebaut, während das Haus links ein Steinhaus ist. Aus Holz ist nur der zur Wasserseite angebrachte Abort-Erker, dessen Ablauf in den Fluss mündet.
Außerdem sieht man, dass die drei Häuser im Bildvordergrund (wie andere Häuser) mit Holz- oder Brettschindeln gedeckt sind, die mit Steinen beschwert wurden. Die teuren Ziegeldächer waren vor allem repräsentativen Bauten vorbehalten.

Die Illustration für die Buchtitelseite

Eine Häuserzeile hinter der freigelegten Stadtmauer in Duisburg

Teile der mittelalterlichen Stadtmauer

Aufgaben

Arbeitet zu zweit. Beschreibt, an welchen Häusern ihr Holz entdeckt. Wofür wurde es verwendet?

Seht euch nun die Häuser an, die nur aus Stein gebaut wurden. Diese Bauweise war die teurere. Einige davon sind Wohnhäuser. Wer lebte wohl in diesen Häusern? Andere dienten einem anderen Zweck. Welchem wohl?

Erkundigt euch, aus welchem Material das Haus gebaut wurde, in dem ihr wohnt.

Ausschneidebogen mit Häusern und Staffage, Holzschnitt der Firma Johann Georg Haym, Augsburg um 1700

Fröhliche und fantasievolle Häuserentwürfe zeichneten diese Schüler aus einer 5. Klasse. Einige ersetzten mutig vorhandene Häuser, kolorierten die Kopien und bauten sogar eine Häuserzeile hinter die Straße.

1.4 Fassaden von Stadthäusern

Das Leben der Kinder spielt sich heute mehr und mehr in gebauter Umwelt ab. Diese Umwelt kann schön sein und das Auge erfreuen oder hässlich und bedrückend sein. In jedem Fall beeinflusst sie das Befinden.
Um die Aufmerksamkeit der Kinder auf die ästhetische Gestalt ihrer Umwelt zu lenken, werden ihnen alte und neue Fassaden von Stadthäusern vorgestellt, dazu eine Häuserzeile, die um weitere Häuser ergänzt werden kann.

Alter
9–10 Jahre

Zeitrahmen
1 Doppelstunde

Material
- Zeichenblätter DIN A3
- Farbkopien der Stadthäuser auf Seite 34/35
- Klebestifte, Scheren
- Buntstifte oder Filzstifte

BONAPARTE
ALYUVA MAKELAAR

BONAPARTE

CAN
Aldi

BONAPARTE
ALYUVA MAKELAAR

BONAPARTE

BONAPARTE

BONAPARTE

M
Mc Donal's
C&A
Eis kafe
S
Schule
ALYUVA MAKELAAR

Ablauf

Die Kinder betrachten zu zweit die oben auf der rechten Seite abgebildete Häuserzeile und die unten abgebildeten Fassaden. Sie teilen einander mit, welche der Fassaden ihnen gefallen und welche weniger. Dann schneiden sie die oben abgebildete Häuserzeile aus und kleben sie mittig auf ein Blatt. Anschließend setzen sie die Häuserzeile rechts und links fort. Dabei können die kleinen Abbildungen unten auf der Seite als Anregung dienen. Beim Zeichnen machen sich die Kinder die ästhetischen Strukturen der Fassaden bewusst.

Weitere Anregung

Auf einem Unterrichtsgang durch die eigene Umgebung zeichnen und fotografieren die Kinder besonders schöne Häuser.

Die Vorlage für diese Häuserzeile wurde in Rotterdam fotografiert. Holländische Architekten bewiesen in der Nachkriegszeit mehr Mut in der Kombination zwischen Alt- und unkonventionellen Neubauten.

1.5 Haustüren

Wir alle gehen mehrmals täglich durch Haustüren. Aber nur wenige Menschen können ihre Haustüre beschreiben oder aus dem Gedächtnis zeichnen. Die Vorschläge dieses Kapitels regen zum Betrachten von Haustüren an, zum Nachdenken über ihr Aussehen und ihre Funktion, zum Zeichnen der eigenen Haustür und zum Zuordnen von Haustüren und Fassaden.

Zu jeder Hausfassade gehört eine Tür, die oft eigens vom Architekten für das Haus geplant wurde. Die Gestaltung von Haustüren hat einerseits mit ihrer Funktion zu tun und spiegelt andererseits ästhetische Vorstellungen und Traditionen wider.

Haustüren grenzen Außenraum und Innenräume voneinander ab. Mit einem Schloss sind sie zu öffnen oder zu verschließen. Ein unbeweglicher Knauf, der lediglich als Griff dient, ist meist an der Außentür angebracht, eine Türklinke meist an der Innentür.
Tür, Pforte und Tor haben auch symbolische Bedeutung als Sinnbilder des Übergangs von einem Bereich in den anderen. So steht das Bild der Himmelstür für den Übergang vom Diesseits ins Jenseits. Türen begegnen Kindern in Geschichten und Märchen. Oft bergen geschlossene Türen ein Geheimnis. Im alltäglichen Sprachgebrauch taucht das Wort „Tür" in bildhafter Bedeutung in Redewendungen auf, etwa „mit der Tür ins Haus fallen" oder „offene Türen einlaufen".

Hausspruch

In meinem Haus
Da wohne ich,
da schlafe ich,
da esse ich.

Und wenn du willst,
dann öffne ich
die Tür
und laß dich ein.

In meinem Haus
Da lache ich,
da weine ich,
da träume ich.

Und wenn ich will,
dann schließe ich
die Tür
und bin allein.

Gina Ruck-Pauquèt

Einfälle und Gedanken zu einem Gedicht äußern

Ablauf

Ein einfaches, zeitgenössisches Kindergedicht steht am Anfang der Beschäftigung mit dem Thema. Es soll die Kinder ermuntern, von eigenen Türerlebnissen zu erzählen. Es dient dem Bewusstmachen von Grunderfahrungen mit offenen und geschlossenen Türen.

In den vier Strophen des Gedichts spricht ein Kind über sein Zuhause. Die Haustür wird dabei zum Bild für die Begegnung mit der Außenwelt, die eingelassen, aber auch ausgeschlossen werden kann.

Das Gedicht wird an die Tafel geschrieben oder fotokopiert und ausgeteilt. Die Kinder lesen es, sprechen es leise für sich und äußern ihre Einfälle und Gedanken. Vielleicht möchten sie von eigenem Erleben sprechen, von ihrem Wunsch, jemanden einzuladen in den eigenen Bereich oder auch vom Wunsch nach Alleinsein. Welche Sozialform für diesen Austausch am besten geeignet ist, sollte jeder Lehrer für seine Lerngruppe entscheiden.

Zu diesen Fragen haben sicher alle Kinder etwas beizutragen:
Hast du auch eine Tür, die du zumachen kannst, wenn du allein sein willst?
An welche Türen musst du anklopfen und welche darfst du unangemeldet öffnen?
Wann bist du gern allein und machst die Tür hinter dir zu?
Wann freut es dich, die Tür zu öffnen – und für wen?

Alter
8–10 Jahre

Zeitrahmen
1 Unterrichtsstunde

Material
Fotokopien des Gedichtes
(oder Tafelanschrieb)

Die eigene Haustür zeichnen
Die Kinder gehen täglich durch ihre Haustür. Aber nehmen sie deren Aussehen bewusst wahr? Die Aufforderung, die eigene Haustür zu zeichnen, gibt darüber Aufschluss.

Die Kinder zeichnen aus der Erinnerung die eigene Haustür. Anschließend stellen sie einander zu zweit ihre Zeichnungen vor und sprechen über Unterschiede, die ihnen auffallen.
Die Zeichnungen können die Kinder anschließend nach Hause mitnehmen. Es wird verabredet, dass sie zu Hause die Tür aufmerksam betrachten und ihre Zeichnung überarbeiten. In einer abschließenden Besprechung tauschen sich die Kinder darüber aus, wie genau ihre Vorstellung von der Tür war und wie viel sie zu Hause noch geändert haben.
Die (ungefähr gleich großen) Zeichnungen werden auf Karton geklebt und im Klassenraum ausgestellt.

Alter
8–10 Jahre

Zeitrahmen
1–2 Unterrichtsstunden

Material
Zeichenblätter, DIN A4
Bleistifte, Farbstifte
Karton zum Aufbringen der Zeichnungen, Klebstoff

Nachträglich eingebaute Aluminiumtür

Fertigtür mit Butzenscheibenoptik aus der Zeit nach den 1960er-Jahren

An den Stil des Hauses angepasste, nachträglich gefertigte Haustür aus Holz

Alle hier abgebildeten Gebäude stammen aus der Anfangszeit des 20. Jahrhunderts, viele Eingangsportale sind aus handbearbeitetem Sandstein.

Billige Fertigtür aus Aluminium und Glas

Anspruchsvollere Designer-Tür, die aber nicht zu dem Haus passt

Originaltür aus Massivholz, 1920er-Jahre

Billige Aluminiumtür in handgearbeiteter Eingangsfassade aus den 1920er-Jahren

Nachträglich eingebaute Aluminiumtür in einer auffälligen Jugendstilfassade

Original-Holztür mit rautenförmigem Dekor und Teilverglasung

Originaltür aus Holz, weiß lackiert

Eine Tür mit Messingbeschlägen aus den 1930er-Jahren

Original-Holztür mit Teilverglasung aus den 1920er-Jahren

Haustüren und Häuser zuordnen

Ablauf

Die Abbildungen auf den Seiten 44–47 zeigen Hausfassaden und Türen aus verschiedenen Zeiten. Zu jeder Fassade gehört eine Tür.

Die Kinder arbeiten zu zweit. Sie betrachten die Bilder der Fassaden und der Türen aufmerksam und entscheiden sich für Zuordnungen. Sie schneiden die Fassaden und die Türen aus und legen zunächst die ausgewählten Türen und das jeweils zugedachte Haus auf ein Zeichenblockblatt. Es kommt dabei nicht so sehr darauf an, dass sie gleich die richtige Tür zum jeweiligen Haus auswählen, sondern darauf, ihren Blick zu schulen für architektonische Besonderheiten und für die Korrespondenz von Fassade und Tür.

Bevor die Haustüren aufgeklebt werden, sollten Sie mit den Kindern über die Kriterien für die Zuordnung reden. Dazu können Farbkopien der Häuser bzw. der Türen auf Folie dienen. Die Elemente werden ausgeschnitten und auf dem Tageslichtprojektor zugeordnet.

Einige Hinweise, die Ihnen bei der Zuordnung helfen: Die Türen korrespondieren meist mit den Fenstern. So nimmt die Tür in der Fassade aus den 1920er-Jahren das Ornament des Fensters wieder auf.

In dem modernen Haus sieht man die Übereinstimmung zwischen Fenster und Tür genau. Sogar die Maße sind identisch.

Die Baumarkt-Türen mit ihren pseudo-handgemachten, stillosen Ornamenten aus minderwertigen Materialien sind nie einer sorgfältig gestalteten Fassade zuzuordnen, in der zum Beispiel das Eingangsportal aus handbearbeitetem Sandstein ist. Auch die billigen, einfachen Aluminium-Standardtüren unterscheiden sich deutlich von der schwarzgestrichenen Stahltür in unserem Beispiel eines modernen Hauses.

Ein Stadthaus aus den 1920er-Jahren und ein Einfamilienhaus aus dem 21. Jahrhundert

Weitere Anregungen

Nach dieser Vorbereitung liegt es nahe, die Umgebung zu erkunden und Türen und Tore zu betrachten und zu fotografieren. Bilder von Türen, Pforten und Toren können anschließend auf eine Größe gebracht und auf Karton oder Pappe aufgeklebt werden. Auf ein größeres Blatt Papier schreiben die Kinder: „Diese Haustüren stammen aus der Zeit, in der das Haus gebaut wurde", auf ein anderes Blatt: „Diese Türen sind wahrscheinlich nachträglich eingebaut worden". Die Kinder tun sich in Dreier-Gruppen zusammen und versuchen, die selbst fotografierten Karten passend zuzuordnen. In einer Abschlussrunde sollten sie benennen können, warum sie sich für ihre Zuordnung entschieden haben.

Ein Barockhaus mit der Originaltür

Alter

9–10 Jahre

Zeitrahmen

1 Unterrichtsstunde

Material

- Kopien der Seiten „Fassaden" (je 1 Kopie für 2 Kinder)
- Kopien der Seiten „Haustüren" (je 1 Kopie für 2 Kinder)
- 1 Farbfolie der Seiten „Fassaden"
- 1 Farbfolie der Seiten „Haustüren"
- Tageslichtprojektor
- Zeichenblätter DIN A3

188

Dieses Mehrfamilienhaus aus dunklen Klinkern stammt aus den 1920er-Jahren. Die vortretende Sandstein-Eingangsfassade bildet einen Rahmen um die vertieft liegende Tür und dient gleichzeitig als Vordach. Symmetrisch sind rechts und links der Tür je ein vertikales Sechseckfenster mit weißer Diagonalversprossung angeordnet. Der Eingang wirkt gediegen und achtsam gestaltet, ohne zu protzen.

1 und 2 Diese beiden Türen sind billige Aluminium-Glastüren aus Massenfertigung. Die erste Tür gibt durch kitschige Ornamentik eine individuelle Note vor.
3 Leider selten zu finden: eine sorgfältig gepflegte Bergische Holztür aus dem frühen 19. Jahrhundert.
4 Das Mittelpaneel dieser gut erhaltenen Originaltür aus den 1920er-Jahren zeigt in Augenhöhe ein vertikal gestrecktes Sechseckfenster mit rautenförmiger, weißer Diagonalversprossung, passend zu den Seitenfenstern.

1

2

3

4

In das hochliegende Erdgeschoss dieses modernen, luxuriösen Einfamilienhauses kommt der Besucher über eine Zugangstreppe mit einem geräumigen Vorplatz-Podest. Alle Details, wie die schlichten Flachstahlgeländer, sind genau aufeinander abgestimmt. Sie sind dunkel mattiert wie die glatten, dunklen Türflügel mit den vertikalen Lichtschlitzen (Durchblick!). Vorplatz und Stufen haben einen farblich angepassten Natursteinbelag. Die raumhohen Fenster (mit außenliegenden Lamellenstores) weisen die gleiche Rechteckproportion auf wie die Haustür. Die Eingangsbeleuchtung schaltet sich automatisch ein (pfeilförmiges Element über der Türmitte). Das Haus ist gut gesichert: Rechts außen sehen wir den Bewegungsmelder.

1 Diese Designer-Tür ist vermutlich eine moderne Sonderanfertigung, passt aber nicht zu der strengen Gestaltung dieses Hauses.
2 Dies ist die richtige (dunkelgrün mattlackierte) Stahltür, die in den Farben den Fenstereinrahmungen und in den Proportionen den Fenstern entspricht.
3 Diese sorgfältig gearbeitete Holztür stammt vermutlich aus den 1920er- oder 1930er-Jahren.
4 Eine moderne Haustür aus Aluminiumguss mit eloxierten Alu-Strangpress-Profilen mit Verglasung. Diese serienmäßig produzierte Ornamentik aus einem Katalog gibt individuelle Gestaltung vor.

1

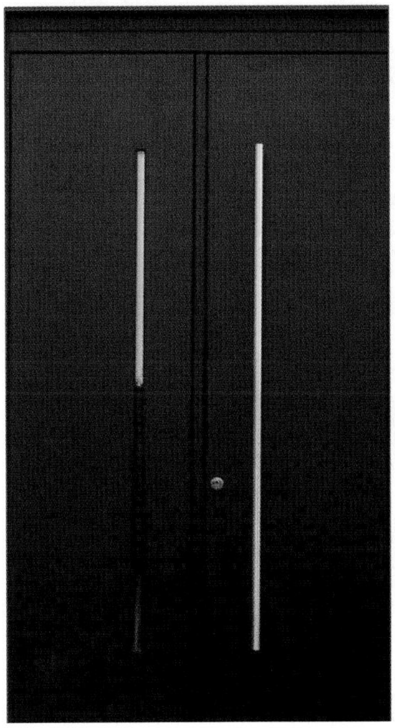
2

3

4

2 | Rund um die Schule

Die Schule ist heute mehr denn je zentraler Lebens- und Erfahrungsraum der Kinder. Im Schulgebäude sind sie täglich umgeben von Architektur, die für sie entworfen wurde. Leider sind viele Schulbauten nicht so, wie sie Kindern und Lehrern zu wünschen wären.

Räume wirken auf uns ein. Lernerfolg hängt in hohem Maße davon ab, ob Kinder sich in den Räumen ihrer Schule wohlfühlen. Lernräume sind auch Lebensräume, und weil Kinder so viel Lebenszeit in ihnen verbringen, sollten sie Aufenthalts- und Erlebnisqualität haben. Zudem erfordern zeitgemäße Lehr- und Lernkonzepte flexible Räume. Die Entwicklung eines Bauens für Kinder, das den veränderten Lebensverhältnissen und einer zeitgemäßen Auffassung von Lernen entspricht, steht noch am Anfang. Allerdings entstehen immer mehr hervorragende Beispiele für die Gestaltung von Grundschulen und Kindertagesstätten.

Die Schule, um die es im folgenden Beispiel geht, liegt in Heerdt, dem westlichsten Stadtteil Düsseldorfs. Bei dem Schulgebäude handelt es sich um eine klar gegliederte, sachliche Nachkriegsarchitektur.
Interessant ist der Vergleich dieser eher konventionellen Schule mit der zwischen 1959 und 1961 von Paul Schneider-Esleben in Düsseldorf gebauten Rolandschule. Dieser Schulbau steht in der Tradition Mies van der Rohes. In das transparente, helle Gebäude integrierte der Architekt bereits in der Planung junge Kunst, zum Beispiel Objekte der damals noch wenig bekannten Zero-Künstler.

Gerade in der Nachkriegszeit bewiesen viele renommierte Architekten besondere Sorgfalt und großes Engagement im Schulbau. Offen, transparent, demokratisch sollten die neuen Schulen sein – die Jugend sollte nicht mehr in einschüchternden, kasernenartigen oder wilhelminischen Bauten unterrichtet werden. Gleichzeitig wurde viel Geld in „Kunst am Bau" investiert. Zeitgenössische Künstler sollten Aufträge bekommen, um an der ästhetischen Erziehung der Jugend mitzuwirken.

In diesem Kapitel wird die Aufmerksamkeit der Kinder zunächst auf die Schule selbst gelenkt. Anschließend erkunden Kinder die Umgebung ihrer Schule.

linke Seite:

Die Rolandschule in Düsseldorf ist ein an Mies van der Rohe orientierter Bau aus den späten 1950er-Jahren.

Die Kinder zeichnen begeistert ihre Schule – vom Klettergerüst aus.

Das im Krieg zerstörte typische Schulgebäude der Gründerzeit und der Neubau

2.1 Wir zeichnen unsere Schule

Die Schule ist – nach dem Kindergarten – das zweite öffentliche Gebäude, das Kinder sich aneignen wollen und müssen. Wie nehmen sie die eigene Schule wahr? Welche architektonischen Besonderheiten fallen ihnen auf? Hier wird der Blick zunächst auf das Äußere des Gebäudes gerichtet. Die Kinder zeichnen ihre Schule.

Zeichnen dient dem Sehen, deshalb ist es auch für das „Erfassen" von Architektur wichtig. Grundschulkinder sollten lernen, Gegenständliches „nach der Natur" zu zeichnen, weil es das genaue Hinsehen übt. Außerdem genießen sie es meist, draußen zu zeichnen.

Alter
8–10 Jahre

Zeitrahmen
2–4 Doppelstunden

Material
- Kästchenpapier DIN A4
- feste Unterlage
- Bleistift (eventuell Lineal)

Ablauf

Vorher klären
Zunächst wird den Kindern das Projekt vorgestellt. Dabei ist es sinnvoll, den Unterschied zwischen Entwurfs- und Reinzeichnung zu erklären. Damit die Kinder nicht zu viel radieren, können sie bei der ersten Zeichnung ruhig mehrere Linien nebeneinander stehen lassen.
Falls einige Kinder mit dem Lineal zeichnen möchten, so sollte das akzeptiert werden. Wenn es um Architektur geht, ist das Lineal nicht grundsätzlich abzulehnen – Architekten benutzen schließlich ebenfalls Hilfsmittel. Allerdings ist es auch wichtig, gerade Linien mit der Hand ziehen zu lernen.
In diesem Fall ist Kästchenpapier günstig, weil es die Darstellung von Proportionen und Abständen erleichtert. So können z. B. die Fensterreihen gut gelingen.

Draußen zeichnen
Danach suchen sich die Kinder zum Zeichnen einen günstigen Platz im Schulgelände. Es ist sinnvoll, die Kinder das Gebäude mehrmals von unterschiedlichen Standpunkten aus zeichnen zu lassen, denn so entschlüsselt sich die architektonische Struktur.

Nachher
Anschließend werden die Zeichnungen im Klassenraum aufgehängt und in einem „Museumsrundgang" betrachtet. Die Kinder vergleichen die unterschiedlichen Perspektiven auf das Schulgebäude. In einem Kreisgespräch äußern sie ihre Erfahrungen beim Zeichnen und bei der Betrachtung der entstandenen Zeichnungen. Sie sehen selbst, wem es besonders gut gelungen ist, die Proportion des Baus, die Abstände zwischen den Fenstern, die Fenstergrößen und die Dachform wiederzugeben. Wer möchte, kann seine Zeichnung korrigieren.

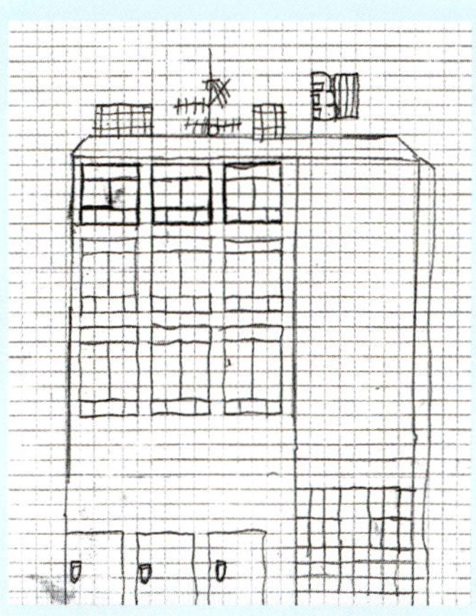

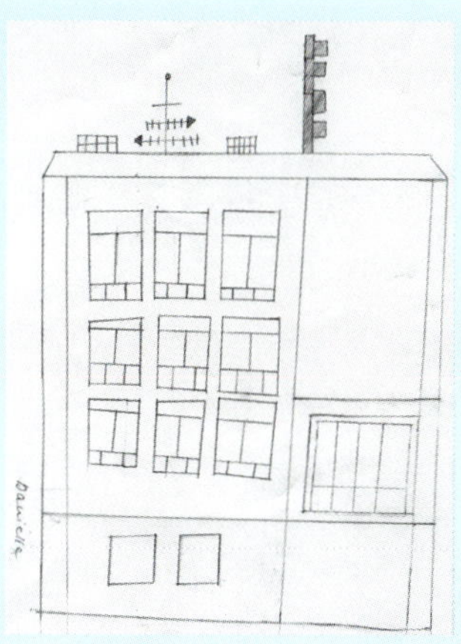

Die Form der Fenster und der Abstand der Fenster und Türen voneinander sind auf Kästchenpapier einfacher darzustellen.

Die beiden Nachbarinnen haben aus der Mathematik entlehnte abstrakte Formen für ihre außerordentliche, sehr künstlerische Gestaltung verwendet. Die interessantesten Entwürfe der Kinder schließen die gesamte Wandfläche in die Gestaltung mit ein.

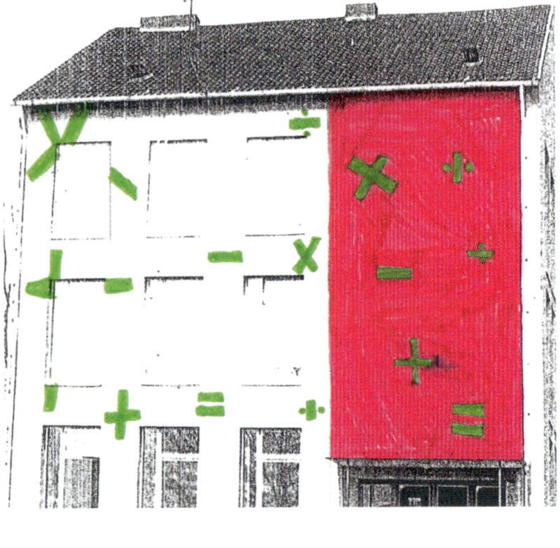

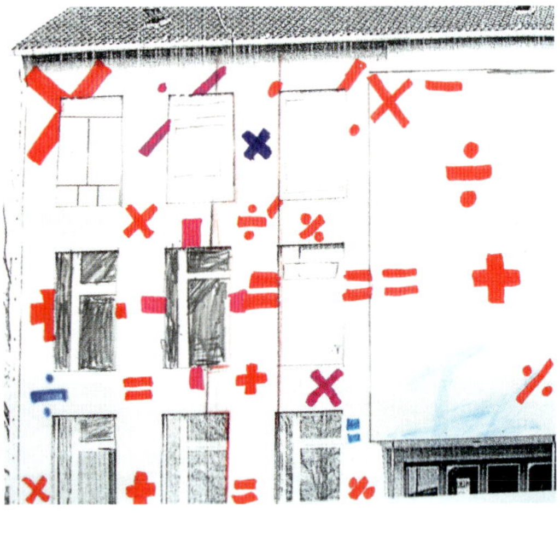

2.2 Entwürfe für die Fassade der Schule

An Schulgebäuden, die nach der Kriegszerstörung gebaut wurden, sind häufig Wandflächen zu sehen, die der „Kunst am Bau" vorbehalten waren. Auch neuere Schulgebäude weisen oft große leere Flächen auf. Wie würden die Kinder diese Wandflächen gestalten?

Dieses Bild aus den 1950er-Jahren zeigt eine traditionell gestaltete Sonnenuhr als Sgraffito.

Ablauf

Um die Kinder zu Gestaltungsvorschlägen anzuregen, werden einige der zuvor entstandenen Zeichnungen der Außenansicht der Schule fotokopiert. Es ist auch möglich, ein Foto oder ein bereits vorhandenes Bild der Schule zu fotokopieren, wenn es hell genug ist. In die leeren Flächen zeichnen die Kinder ihre Gestaltungsideen.

Wenn sie mehrere Vorschläge machen möchten, können sie auch auf Papier in der Größe der freien Fläche zeichnen. Die Zeichnungen werden dann ausgeschnitten und auf die Leerflächen gelegt beziehungsweise geklebt.

Alter

8–10 Jahre

Zeitrahmen

1 Doppelstunde

Material

- Schwarz-weiß-Kopien von der Außenansicht des Schulgebäudes (2–3 pro Kind)
- Filzstifte, Buntstifte, auch Farbkästen
- Scheren, Klebstoff

Soraya malt ihre Fahne zum 100-jährigen Schuljubiläum auf einen IKEA-Vorhang aus Nessel, an dem Schlaufen angebracht sind.

2.3 Großflächiges Malen für Außen und Innen

Weil in der Grundschule, in der die Unterrichtseinheit stattfand, ein besonderes Fest bevorstand, entstand die Idee, mit den Kindern großflächige Bilder zu malen und diese vorübergehend an geeigneten Außen- oder Innenwänden anzubringen.

Anmerkung
Die Arbeit mit Acrylfarben verlangt eine gewisse Erfahrung seitens des Lehrers. Vorab sollte ausprobiert werden, in welcher Verdünnung die Acrylfarben sich am besten auf den Stoff oder auf das Papier bringen lassen. Bitte achten Sie bei den Wassergläsern darauf, dass Pinsel mit dunklen Farben nicht in Wassergläsern mit hellen Farben ausgewaschen werden. Am besten trennt man Pinsel und Wassergläser nach Farben.

Jackson Pollock, Number 22, 1950

Ablauf

Experimenteller Umgang mit Pinsel und Farbe
Zunächst werden die Kinder zum experimentellen Umgang mit Pinsel und Farbe angeregt. Das Malen ohne den Anspruch einer gegenständlichen Darstellung schafft kreative Freiräume. Bevor die Kinder sich den großen Formaten zuwenden, können sie an kleineren Formaten üben.

Als Anregung kann zum Beispiel eine Begegnung mit den Bildern des amerikanischen Künstlers Jackson Pollock (1912–1956) dienen. Seine Bilder betonen das Moment der Bewegung und die Prozesshaftigkeit der Kunst. Pollock legte seine Malgründe auf den Boden und hinterließ dann auf vielfältige Weise Farbspuren auf ihnen. Er fühlte sich so dem Bild näher, konnte sich um das Bild herumbewegen. Bezeichnend für seine künstlerische Ausdrucksform sind die rhythmischen Bewegungen.

Alter
9–10 Jahre

Zeitrahmen
3–5 Doppelstunden

Material
- Zeichenblätter für Entwürfe
- evtl. Farbabbildungen von Werken Jackson Pollocks
- Nesselstoffe in langen Bahnen für die Außenwände
- Rollen reißfesten Papiers (z. B. 1 × 25 m) für die Innenwände
- Acrylfarben
- Klassensatz Borsten- und Malerpinsel
- Becher zum Mischen der Farben
- Wassergläser zum Verdünnen der Farben und zum Auswaschen der Pinsel
- Plastikfolie zum Schutz der Tische und des Fußbodens
- Klebeband zum Befestigen der Folie
- Aufhängevorrichtung je nach räumlichen Gegebenheiten

Vom kleinen zum großen Format

Die Übertragung auf die großen Formate geschieht zu zweit oder als Gruppenarbeit. Dazu müssen die Kinder sich auf einen der Entwürfe einigen oder Elemente aus mehreren Entwürfen integrieren. Je nachdem, wo die Stoff- oder Papierbahnen aufgehängt werden, arbeiten die Kinder im Hoch- oder im Querformat.
Die Kinder können auf dem Fußboden oder den Tischen arbeiten. Der Untergrund wird mit Folie abgedeckt, die mit Klebeband befestigt wird. Die Stoffbahnen bzw. die Papierbahnen werden ebenfalls mit Klebeband fixiert. Stoffe und Papiere sollten an einer Stelle liegen, wo sie ein oder zwei Tage trocknen können.

Die Arbeit mit dem großen Format gelang in der Praxis einigen Kindern besonders gut. Mit großer Leichtigkeit gestalteten sie z. B. geschwungene Linien in ausdrucksvollen Farben. In einigen Fällen erinnert die Darstellung an die ornamentale Kunst des Orients. Möglicherweise haben ja Kinder aus anderen Kulturbereichen, etwa muslimische Kinder, mehr Anteil an den künstlerischen Traditionen ihrer Herkunftskultur als man im Unterrichtsalltag wahrnimmt.

Großflächige Bilder anbringen

Die Stoff- oder Papierbahnen können an freien Wänden befestigt werden. Schön ist die Möglichkeit, Arbeiten im Treppenhaus oder in der Aula über eine größere Höhe frei herunterhängen zu lassen. Die Nesselbahnen sind z. B. gut am Treppengeländer zu befestigen. Papierarbeiten können oben und unten mit zwei Holzleisten beschwert werden, um sie besser aufhängen zu können.

Sorayas Entwurf für die Fassadengestaltung eines Gebäudes des Schulkomplexes (über einer vorab gezeichneten Skizze)

2.4 Schul(t)räume – wie Kinder sich ihre Lieblingsschule vorstellen

Schulen, die so sind, wie Kinder sie sich wünschen, gibt es bereits. Beispiele sind im Internet zu sehen: www.baupiloten.com
Die Baumaßnahmen wurden in Partizipation mit den Nutzern geplant, zum Beispiel die Freizeitlandschaften der Erika-Mann-Grundschule in Berlin, der Carl-Bolle-Grundschule in Berlin, der Kindertagesstätte Traumbaum, Berlin. Es handelt sich um Projekte der Architektin Susanne Hofmann, die mit ihrem Architekturteam das Projekt „Die Baupiloten" der TU Berlin unterstützt.

Kindertagesstätte Traumbaum Berlin, Planung: Baupiloten

Auch wenn Veränderungen in der Schule selten wie in den genannten Berliner Schulen möglich sind, so ist es doch wichtig, mit Grundschulkindern darüber ins Gespräch zu kommen, wie sie sich ihre Schule wünschen. Auch wenn nur kleine Vorhaben realisiert werden können, etwa die Umgestaltung des Klassenraumes, eine andere Nutzung der Flure oder ein Kräutergarten auf dem Schulhof, beweist das den Kindern, dass ihre Vorstellungen ernst genommen werden. Es geht darum, zunächst die Wünsche der Kinder zu erfahren und sie soweit möglich an der Gestaltung der Schulräume zu beteiligen.

Ablauf

Etwas über Schulbauten erfahren
Bevor die Kinder eigene Einfälle zu Papier bringen, sollten sie erfahren, dass Architekten heute neue Schulen sehr bewusst planen und dass alte Gebäude umgestaltet werden. Unterricht ist heute anders als vor einigen Jahren oder Jahrzehnten. Wichtige Themen sind z. B. eine flexible Raumgestaltung, die es ermöglicht, Räume für kleinere oder größere Gruppen zu nutzen, oder die Einrichtung von Lernecken, in denen die Kinder selbstständig arbeiten können. Außerdem sind Schulen heute oft Ganztagsschulen. Das bedeutet, dass die Kinder auch lebenswerte Freiräume brauchen für gemeinsame Mahlzeiten, für Ruhe und Spiel.
Um ihnen Beispiele für fantasievoll umgestaltete Schulgebäude zu zeigen, können z. B. Bilder der oben erwähnten Grundschulen oder andere außergewöhnliche Schulbauten gezeigt werden.

Gesamtschule Gelsenkirchen-Bismarck, Planung: plus+ bauplanung GmbH Peter Hübner

Schreibgespräch über Schul(t)räume

Nach dieser Vorbereitung werden die Kinder ermuntert, ihre Ideen und Wünsche aufzuschreiben.
Je vier Kinder arbeiten als Gruppe zusammen. Jede Gruppe bekommt einen Papierbogen (DIN A2 oder größer), der so aussieht:

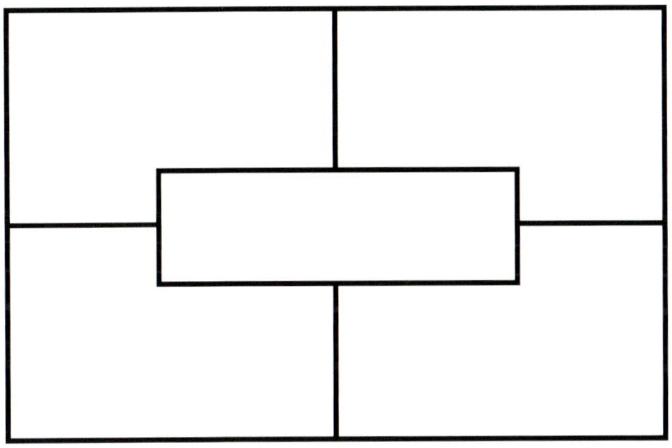

In der Mitte steht das Wort „Schul(t)räume". Außerdem ist das Blatt in vier Felder unterteilt. Die Kinder schreiben ihre Einfälle in die vor ihnen liegende Ecke des Blattes. Jedes Kind kann eine eigene Farbe verwenden. Nach einer Weile wird das Blatt im Uhrzeigersinn gedreht. Nun lesen sie, was ein anderes Kind geschrieben hat. Wahrscheinlich regt das Geschriebene neue Einfälle an. Sie werden in das „fremde" Feld geschrieben. Es wird weitergedreht, gelesen und geschrieben, bis alle vier Felder die Runde gemacht haben. Während des Schreibgesprächs wird nicht gesprochen, die Verständigung geschieht schriftlich.

Ergebnisse vorstellen

Anschließend stellt jede Vierergruppe einer anderen Vierergruppe ihre Ergebnisse vor. Es wird so lange gewechselt, bis alle Schreibgespräche vorgestellt sind.
Die so entstandenen Ideen werden auf Plakaten geordnet zusammengetragen und an einer für die Kinder anderer Klassen gut sichtbaren Stelle aufgehängt – mit der Ermunterung, sich an der Ideensammlung zu beteiligen. Später kann die Schulkonferenz über die entwickelten Ideen informiert werden und überlegen, was sich davon realisieren lässt.

Alter

8–10 Jahre

Zeitrahmen

1 Doppelstunde

Material

- große Papierbogen, ca. DIN A2 (für Vierer-Gruppen)
- dicke farbige Filzstifte

Die Kinder ziehen mit dem Bild der alten Häuschen los. Was wird wohl jetzt an ihrer Stelle stehen?

2.5 Alte und neue Bebauung in der Umgebung der Schule erkunden

Um ein Verständnis für die gebaute Umwelt zu entwickeln, ist der bewusste Blick auf die eigene Umgebung sinnvoll. Was liegt näher, als die Umgebung der Schule zu erkunden, um Besonderheiten zu entdecken? Erfahrungen mit der Vergangenheit ermöglichen einen neuen Blick auf die gegenwärtige Situation. Grundschulkinder möchten generell gerne wissen, wie die Menschen früher gelebt haben. Ihr Interesse daran wächst, je mehr sie über Vergangenes in Erfahrung bringen. Lebendiger Geschichtsunterricht kann im unmittelbaren Umfeld der Schule, das zum Lebensraum der Kinder gehört, stattfinden.
Dieses Angebot ähnelt von der Vorgehensweise dem Vorschlag „Unsere Stadt war mal ein Dorf“. Hier geht es allerdings weniger um zentrale Gebäude der Stadt und um das gesamte Stadtbild als um einen bestimmten, eng begrenzten Ausschnitt.

Dieses Bild zeigt die Heerdter Landstraße in Düsseldorf Ende der 1950er-Jahre.

Alter
8–10 Jahre

Zeitrahmen
1 Unterrichtsstunde für das Betrachten der Bilder und das Gespräch
1 Doppelstunde für den Erkundungsgang

Material
- Historische Fotos bzw. Kopien der Schulumgebung
- Pappe und Klebestifte zum Aufziehen der Fotos
- Für die Skizzen unterwegs: Zeichenpapier, Bleistift und feste Unterlage
- In der Klasse: Deckfarben, Wachsmalkreiden, Bunt- und Filzstifte, verschiedene Papiere (auch Reste), farbiger Karton, Klebstoff (Klebestifte)

Ablauf

Bilder alter Häuser betrachten

Im Stadtarchiv Düsseldorf wurden Bilder aus den 1920er-Jahren bis zur Nachkriegszeit entliehen. Sie zeigen Gebäude der Straße, in der die Schule der Kinder liegt. Die Bilder wurden eingescannt, die Ausdrucke auf Kartontafeln geklebt, die Gebäude mit Straße und Hausnummer versehen.

Zunächst werden die Fotos der alten Häuser betrachtet. Die Kinder versuchen, sich vorzustellen, wie die Menschen in diesen kleinen Häusern lebten. Den meisten Kindern ist klar, dass die Häuser nicht nur gemütlich waren, sondern dunkel, eng und schwer zu heizen. Es wird ihnen erzählt, dass es kaum Badezimmer gab und dass sich die Klos häufig im Hinterhof befanden.

Erkundungsgang

Mit den alten Fotos wird anschließend ein Erkundungsgang gemacht. Die Kinder suchen die Hausnummer eines alten Hauses auf, um festzustellen, wie dieses Haus heute aussieht. Die Überraschung ist groß, wenn die Kinder statt vor kleinen, alten Wohnhäusern z. B. vor einem modernen Autohaus stehen.
Von den neuen Gebäuden werden Fotos angefertigt, die später mit den alten Fotos zusammen ausgestellt werden (zur Präsentation siehe Kapitel 4).

Die alten und neuen Bilder werden in gleicher Größe ausgedruckt und auf Leporellos aufgezogen (siehe Kapitel 4, „Präsentation“). Auf diesem Leporello sind weitere Ziele der Erkundung zu sehen: Ein im Krieg zerstörtes Haus und die Neubebauung, eine Siedlung aus den 1960er-Jahren, die kaum verändert wurde. Die Kinder entdeckten ausgewechselte Haustüren.
Das wichtige Thema der Kriegszerstörung konnte in diesem Buch leider nicht weiter vertieft werden.

Licht lockt Leute

Dies gilt besonders für die Schaufenster-Beleuchtung,
doch gut und reichlich muß die Beleuchtung sein,
wenn sie Käufer heranziehen soll.

2.6 Straßenbeleuchtung früher und heute

Straßenbeleuchtung ist ein so selbstverständlicher Bestandteil unserer Städte, dass sie meist nicht bewusst wahrgenommen wird. Straßenbeleuchtung mit Kindern zu betrachten, eröffnet neue Perspektiven.
Im 19. Jahrhundert begann man, Straßen mit Gaslicht zu beleuchten. Die Nutzung von elektrischem Licht wurde möglich, nachdem es Werner von Siemens 1867 gelungen war, Strom industriell nutzbar zu machen. Die Abkehr vom Gaslicht entwickelte sich mit der Verbesserung der elektrischen Beleuchtung und der Erforschung neuer Leuchtmittel.

Bildbetrachtung: Osram-Reklame von 1938
Um das Thema „Licht im öffentlichen Raum" ins Bewusstsein der Kinder zu rücken, wird das Bild mit ihnen betrachtet. Es zeigt eine abendliche Straßenszene mit beleuchteten Häusern. Im Vordergrund ist historische städtische Bebauung zu sehen, im Hintergrund Hochbauten des beginnenden 20. Jahrhunderts; rechts eine beleuchtete Osram-Reklame, links eine Reklame für „besseres Licht". Im Vordergrund sieht man ein Auto mit eingeschalteten Scheinwerfern, Motorrad- und Radfahrer, ebenfalls mit Scheinwerfern, dazu eine Straßenlaterne.
Das Bild ist gut geeignet, um mit den Kindern über ihr Vorwissen ins Gespräch zu kommen.

Ablauf
Das Bild wird mit einem Tageslichtprojektor gezeigt. Der Raum sollte möglichst etwas abgedunkelt werden, damit die Lichteffekte des Bildes gut zur Wirkung kommen. Die Kinder werden ermuntert, das Bild in Ruhe zu betrachten und zu beschreiben, was ihnen auffällt oder was ihnen dazu einfällt. Kinder, die in Städten aufwachsen, können ihre Eindrücke von der abendlichen Beleuchtung ihrer Stadt mit der des Bildes vergleichen.

Im Anschluss daran bietet es sich an, über Licht und Beleuchtung in früheren Zeiten zu sprechen. Wie sahen Städte wohl nachts aus, bevor es das Gaslicht gab? Wie lebte man in Zeiten, in denen es noch keine Stromversorgung gab?

Alter
7–10 Jahre

Zeitrahmen
1 Unterrichtsstunde

Material
- Farbfolie der Osram-Reklame von 1938
- Tageslichtprojektor

Gaslaterne in der Düsseldorfer Altstadt.
Eine Bürgerinitiative setzte sich 2009 für die Erhaltung der Gaslaternen in der Stadt ein und erreichte, dass 17.000 historische Modelle erhalten blieben.

Alter

7–10 Jahre

Zeitrahmen

1 Doppelstunde für den Erkundungsgang mit Zeichnungen
1–2 Stunden für das Malen in der Klasse

Material:

- Für die Skizzen unterwegs: Zeichenpapier, Bleistift und feste Unterlage
- In der Klasse: Wasserfarben, Wachsmalkreiden (die Wachsmalkreiden dürfen nicht wasserlöslich sein), Bunt- und Filzstifte

Straßenlaternen entdecken und malen

Kinder sehen die Straße, durch die sie gehen, schon deshalb aus anderer Perspektive als Erwachsene, weil ihre Augenhöhe eine andere ist. Außerdem sind sie eher am Tage unterwegs als bei Dunkelheit. Dennoch kennen sie die Faszination des Lichts, das die Dunkelheit erhellt. Etwas von dieser Faszination haben auch Straßenlaternen. Straßenbeleuchtung ist ein reizvolles Thema für Kinder. Straßenlaternen sind nicht nur unter funktionalem Aspekt, sondern auch ästhetisch und historisch interessante Objekte. Kinder, die in Berlin aufwachsen, können im Tiergarten, an der Straße des 17. Juni Gaslaternen als Zeugen historischen Straßenlichts bestaunen. Mit etwa 90 Originalen und Nachbauten findet man hier die umfangsreichste Sammlung dieser Art in Europa.

Ablauf

Die Kinder erfahren von dem Vorhaben, bei einem Erkundungsgang Straßenlaternen genauer anzusehen. Später können ergänzend Aufstellbilder (Pop-Ups) entstehen. Mit Zeichenpapier, Bleistift und einer festen Unterlage ziehen die Kinder los. Am besten lässt sich dieses Projekt in der dunklen Jahreszeit durchführen.
In den ersten Unterrichtsstunden ist die Straßenbeleuchtung noch eingeschaltet.
In einer Folgestunde arbeiten die Kinder ihre Skizzen weiter aus. Lampen, Lichter und Dinge, die Kinder sonst noch hell darstellen möchten, werden mit wasserabstoßenden Wachsmalkreiden gemalt. Dann werden die entstandenen Bilder mit dunkler Wasserfarbe übermalt. Die mit Wachsmalkreiden gemalten Stellen „leuchten" jetzt aus dem dunklen Untergrund heraus.
Eine andere Möglichkeit: Die Kinder tragen mit Wasserfarben helle Farben auf ein Zeichenblockblatt auf. Diese Farbschicht wird mit dunklen Wachsmalstiften deckend übermalt. Dann zeichnen die Kinder in die obere Farbschicht mit einem spitzen Gegenstand Umrisse.

Wie sähe wohl die Kirmes ohne bunte Lampen aus?

Pop-up-Bilder gestalten

Der Begriff „Pop-up-Buch" bezeichnet zunächst einen Buchtyp der Gattung „Spiel-Bilderbuch". Kinder lieben Pop-Ups, weil sich die zweidimensionale Bildfläche beim Aufklappen in ein dreidimensionales Objekt verwandelt. Ein Teil des Reizes besteht darin, die Doppelseite wieder zu schließen und somit das Gesehene zum Verschwinden zu bringen.

Marie

Drei „Pop-up"-Techniken

Ablauf

Das Blatt wird in der Mitte gefaltet, sodass die schmalen Seiten aufeinander zu liegen kommen. Dickerer Karton sollte vorher gefalzt werden. Ein Bildelement (hier die Straßenlaterne) wird mit einem Steg auf ein anderes Blatt gezeichnet und ausgeschnitten. Dann wird das ausgeschnittene Bildelement ins Bild geklebt.

Wenn die Doppelseite zusammengeklappt wird, legt sich auch das plastisch herausragende Bildelement flach.

Im Bild zu schneiden ist schwierig: Das erledigten wir für die Kinder mit dem Cutter. Bild und Ausgeschnittenes werden in gegensätzlicher Richtung geknickt (vorher falzen).

Alter

8–10 Jahre
(eventuell auch jüngere Kinder mit Unterstützung Erwachsener)

Zeitrahmen

1 Doppelstunde

Material

- weißes, festes Papier (mindestens 200 g)
- Bunt- und Filzstifte
- Scheren
- Klebestifte
- Cutter

2.7 Weitere Anregungen

Was gibt es noch im Umfeld?
Gemeinsam mit den Kindern kann überlegt werden, was im Stadtteil oder in der Stadt noch zu entdecken ist: eine Kirche, eine Moschee, ein Bahnhof, ein besonderer Platz?
In manchen Städten, etwa in Duisburg und Berlin, finden Kinder auch Gewerbegebiete, Fabriken und Industrieanlagen in ihren Stadtteilen.

Einige Bilder von Fabriken. Für die Darstellungen wurden unterschiedliche Papiere auf farbigen Hintergrund geklebt. Das bewusste Wahrnehmen der Fabrikgebäude führte zu Fragen darüber, wie diese entstanden sind, was darin hergestellt wurde und wer darin arbeitete.

3 | Fantastische Architektur

Fantastische Architektur wird ganz von der künstlerischen Fantasie geleitet, unbekümmert um Realisierbarkeit und praktischen Nutzen. Sie stellt einen ästhetischen Gegenpol zum Funktionalismus dar. So entstanden zum Beispiel im Manierismus und Barock künstliche Grotten und Felslandschaften als architektonische Spielformen. Berühmt sind die fantastisch anmutenden Bauten des spanischen Architekten Antonio Gaudi (1852–1926). Ein zeitgenössischer Vertreter der fantastischen Architektur ist der Künstler Friedensreich Hundertwasser (1928–2000) – auch seine Entwürfe wurden zum großen Teil verwirklicht.

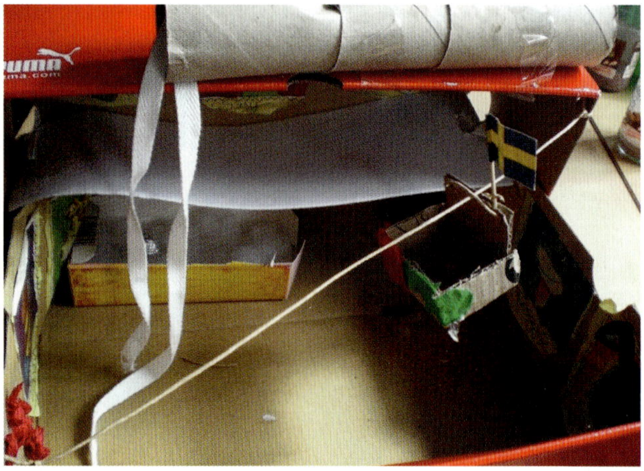

Das Utopische und Übersteigerte, das Kühne und technisch Unausführbare fasziniert die Menschen seit jeher. Durch den technischen Fortschritt wird manche Utopie Realität. Grenzen für das Fantastische in der Architektur können deshalb nur für den Moment gezogen werden.

Bei Alicas Haus stehen die Farben im Vordergrund: Das Haus ist pink mit großen blauen Punkten

Michael verwirklicht einen klassischen Jungentraum: Er gestaltet ein Baumhaus, in dem aber Wohnzimmer und Sessel eher auf ein bürgerliches Leben schließen lassen. Wenn da nicht auch Zwerge wären, die es zu bekämpfen gilt. Dazu gibt es ein Zimmer mit einer Kontrollanlage, mit der man die Zwerge ausspionieren kann.

3.1 Mein Traumhaus

Viele von uns leben in Einfamilien- oder Mehrfamilienhäusern, manche in Hochhäusern. Aber auch heute noch leben Menschen in Höhlenhäusern, auf Booten, in Baumhäusern oder in Wohnmobilen. Es gibt viele Möglichkeiten menschlichen Wohnens. Und immer wieder haben Menschen darüber nachgedacht, wie man ganz anders wohnen könnte – sie haben utopische Vorstellungen entwickelt. Nicht wenige dieser einstmaligen Utopien sind Wirklichkeit geworden – sonst würden wir heute noch in Hütten aus Ästen und Stroh leben.

Um die Lebensräume von morgen zu gestalten, bedarf es kreativer Ideen. Es geht darum, solche Ideen anzuregen und Kinder zu ermuntern, sie zum Ausdruck zu bringen. Sie bringen ein erstaunliches Potenzial mit, weil sie, anders als Erwachsene, unbefangen und spielerisch Vorstellungen entwickeln und ihnen auf fantasievolle Weise Ausdruck verleihen.

Das Thema „Mein Traumhaus" spricht Kinder unterschiedlicher Altersstufen an. Es erschließt auch die Möglichkeit, Architektur und Lebenskonzepte in einen Zusammenhang zu bringen.
Für dieses Thema wird plastisches Arbeiten vorgeschlagen. Das Experimentieren mit verschiedenen Formen und Materialien ist anregend, besondere Freude haben Kinder daran, die entstandenen Gebilde in den verschiedensten Farbkombinationen zu bemalen.

Ablauf

Einfache Formen: Kartonhäuser
Zunächst experimentieren die Kinder mit verschiedenen Kartons, stellen sie zusammen, bauen auf, ergänzen die größeren Formen mit kleineren An- und Aufbauten. Bei der Gestaltung entwickeln sich viele Möglichkeiten. Sobald sich aus den zusammengefügten Teilen Strukturen ergeben haben, werden die Gebilde zusammengeklebt. Am Schluss bemalen die Kinder die entstandenen Häuser.

Komplexere Formen
Die Verwendung von Draht, Gips und Pappmaschee erlaubt kreative Gestaltungen mit ungewöhnlichen Formen.

Selbstgebautes Häuschen in der Emilia-Romagna, Italien

Thomas Hirschhorn, „Two Families", 2002

In einem anderen Zusammenhang wurden fantastische Innenräume geschaffen:
Für die „Traumzimmer" brachten die Kinder Schuhkartons, Schachteln und, wie bei den „Fantasiehäusern", unterschiedliche Materialien aus dem Papiermüll mit.

1 Hier wird der Bewohner direkt aus einem Turm-Meditationszimmer über eine Rutsche ins Bett befördert.

2 Dieser Raum hat zwei Ebenen, unten (versteckt) befindet sich das Bett. In der Mitte ist eine Hängematte zu sehen, die aber auch zur Rutsche werden kann.

3 Diese kleine Künstlerin scheint sich mit der großen Kunst auszukennen. Sie lebt in einer Art Galerie, Atelier oder Museum, die Überraschungseierhüllen und die anderen Gegenstände stellen ein Kunstwerk da. Die grüne Schale ist ihr Bett, die blaue eine Badewanne, die als Bett umfunktioniert werden kann.

4 Ahmad brachte in seinem Zimmer eine Überwachungskamera an, damit er sehen kann, was während seiner Abwesenheit passiert ist. „Abends schaue ich mir nochmal an, was ich so den ganzen Tag gemacht habe."

1

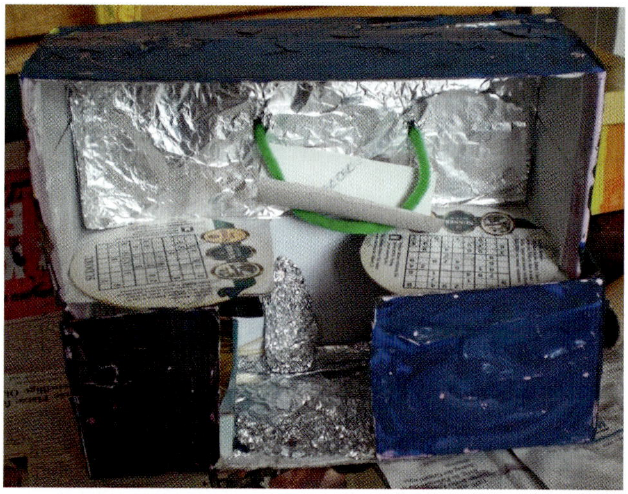

2

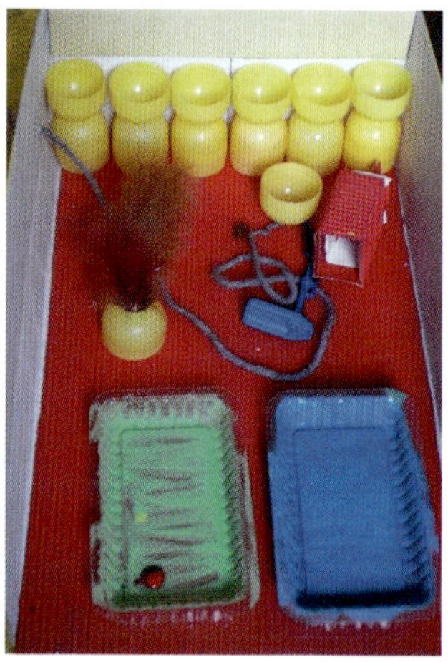

3

4

Alter

9–10 Jahre

Zeitrahmen

2–3 Doppelstunden

Material

Gerüste (einfache Formen):
Karton, Wellpappe
Gerüste (komplexere Formen):
Draht, Aluminium, Plastikbehälter, Holz, Gips, Zeitungspapier;
Kleber: Holzleim für Holz und Papier; Kleber für Kunststoff, Tapetenkleister
Zum Bemalen:
Temperafarben und Pinsel

Kartoffellagerha

3.2 Geschichten von Häusern und ihren Bewohnern

Aus der Kinderliteratur kennen Grundschulkinder viele Figuren, die anders wohnen und leben als sie selbst. Sie wissen in der Regel, dass Pippi Langstrumpf in ihrer Villa Kunterbunt ein unabhängiges Leben führt, dass der kleine Wassermann in einem Unterwasser-Haus aufwächst und dass Harry Potter während der Schulzeit in einem düster aussehenden Schloss lebt. Im Märchen leben Prinz und Prinzessin in Schlössern, während Zwerge und anderes kleines Volk Höhlen unter der Erde bevorzugen.

Der folgende Schreibanlass geht von Bildern ungewöhnlicher Behausungen aus. Sie regen die Fantasie an und ermuntern dazu, sich vorzustellen, wer wohl in ihnen lebt. Dazu werden unterschiedliche Figuren gezeigt. Mit Haus und Figur sind Handlungsort und Handlungsträger bereitgestellt und Grundbedingungen des Erzählens von Geschichten gegeben.

Die Auswahl, die getroffen wurde, zeigt sowohl reale, fantastisch anmutende Gebäude als auch Darstellungen von Bildern aus der Kunst- und Illustrationsgeschichte. Die Abbildungen der Figuren, die als Bewohner der Häuser gewählt werden können, reichen von der Modefotografie bis zur Märchendarstellung.

Ablauf

Die Abbildungen auf den Farbseiten werden fotokopiert und auf zugeschnittene Pappen geklebt. Diese Arbeit lohnt sich, weil die Karten für weitere Schreibanlässe in der Freiarbeit zur Verfügung stehen können. Die Sammlung der Häuser und der Figuren kann im Laufe der Zeit erweitert und verändert werden.

Kinder und Lehrerin bzw. Lehrer kommen im Stuhlkreis zusammen. Die Karten der Häuser und der Figuren sind in der Mitte des Kreises ausgebreitet. Die Kinder werden angeregt, sich vorzustellen, dass Häuser dem aufmerksamen Betrachter etwas über ihre Bewohner erzählen. Sie überlegen, welcher Bewohner wohl zu welchem Haus passen könnte.

Ein Junge wählte zum Beispiel das Haus des Architekten Günter Domenig (Bild 6 Seite 78) und suchte das Bild des Zauberers aus. Er erklärte: „Der Zauberer hat das Haus gezaubert, innen ist es ein Labyrinth, und wer hereingekommen ist, der kommt nie wieder heraus." Andere Kinder wählten die Karten nach der Begründung: „Das Haus und die Figur sind ähnlich gezeichnet."

Die Kinder nehmen die ausgewählten Bilder mit an ihre Tische und schreiben dazu. Wer möchte, kann auch selbst Figuren zeichnen.

Zur Zeichnung eines märchenhaft anmutenden Hauses und einer selbstgezeichneten Figur entstand der kleine Text:

> „Eines Tages verirrte sich ein Mädchen im Wald. Plötzlich fing es an zu regnen. Sie ging weiter und sah ein Haus. Schnell lief sie bis ins Haus. Dann stellte sie sich unter bis der Regen aufhörte."

Ein Junge entschied sich für die Darstellung einer Behausung im Wald und für die Figur des Drachen. In seiner Erzählung mit der Überschrift „Herr Dunkel in der Dunkelheit" wird der Drachen zur wichtigen Nebenfigur und zum Haustier des Herrn der Dunkelheit. Der Drachen erkrankt, hat Nasenbluten – und das Blut, das aus seiner Nase tropft, ist blau.

Zum Bild von Michael Sowa (Bild 5 Seite 78 und Seite 85) entstand eine Geschichte, in der ein kleines Mädchen das Haus bewohnt, das eines Tages von den merkwürdigen kleinen Kartoffel-Wesen entführt wird.

Einige Kinder wählten ein Haus, wollten aber den Helden ihrer Geschichte selbst erfinden. So entstand die Geschichte eines Trolls, der im „Finsterwald" lebt:

> „Es war einmal vor langer Zeit in einem Finsterwald. Da lebte ein Troll namens Roderich. Er wurde ganz oft verspottet …"

Die entstandenen Texte werden später vorgelesen, die Zeichnungen dazu vorgestellt. Gemeinsam wird überlegt, welche Figur-Haus-Kombination sich zum Schreiben einer Geschichte gut eignet. Die Kinder werden feststellen, dass Ambiente und Figureninventar mitbestimmen, ob eine Geschichte entsteht, die sich in unserer Wirklichkeit abspielen könnte. Oder ob sich die Geschichte in einer anderen Welt abspielt, in der fantastische Wesen, wie Zauberer, Elfen oder Drachen eine Rolle spielen.

Wer die Einsicht in den Zusammenhang von Handlungsort und Figur vertiefen möchte, kann an die bereits erwähnten Darstellungen der Kinderliteratur anknüpfen und mit den Kindern Bildmaterial aus Kinderbüchern oder Filmen zusammentragen. Dann ergibt sich auch der Blick auf das Umfeld, in dem sich Haus, Schloss, Burg oder Höhle befinden. So wird der Handlungsraum der Figuren erweitert.

Alter
7–10 Jahre

Zeitrahmen
1–2 Doppelstunden

Material
- Farbkopien der Seite 78: fantastische Häuser, auf Karten aufgeklebt
- Farbkopien der Seite 80: Figuren, auf Karten aufgeklebt
- Karten DIN A5
- Papier, Stifte

Frau Elisabett
Anne
Lucas
Herr Martin

Der Graskönig

„Es war einmal ein Graskönig, der hatte ein ganz großes Haus. Drumherum war Gras, aber das war kurz. Eines Tages kam eine Fee. Sie zauberte das Gras so hoch, dass man nicht mehr drübergucken konnte. Da war der Graskönig froh, weil er dachte, **er** hätte gezaubert.
Die Fee kam wieder, sie zauberte aber vor dem König, sodass der Graskönig neidisch wurde. Da wurde er wütend und warf Stöcke und Steine nach der Fee und jagte sie weg. Sie kehrte nie wieder zurück."

Herr Dunkel in der Dunkelheit

Herr Dunkel ging zu seinem Haustür. Es war ein Drache. Der Drache ist krank er hat Naseinbluten Dises Nasen bluten war blau.

gte, Kann Ich innen disbter
helfen Ich möchte das haus
sitzer des hauses
kartofel im haus ose
zufrieden
war nicht
den
KARTOFELN STRAßE

3.3 Kühne Konstruktionen – Türme

Türme haben die Menschheit von jeher fasziniert und ihre Fantasie beflügelt. Durch die Jahrhunderte hindurch ist der Turm Sinnbild menschlicher Leistung und Ausdruck von Macht und Stärke.

Es gibt viele bedeutende Türme. Der bekannteste ist wohl der Turm zu Babel, der seine Berühmtheit nicht als tatsächliches Bauwerk erlangt hat, sondern durch die biblische Überlieferung. Sie machte ihn zum Sinnbild für die Überheblichkeit des Menschen, die von Gott bestraft wird.

Immer schon waren hohe Bauten Beispiele gewagter, kühner Konstruktionen. Lösten die Ägypter und andere Völker die Problematik der Höhe noch dadurch, dass sie ihre Gebäude auf einer breiten Basis errichteten (die Pyramiden waren fast so breit wie hoch), so ging das nachfolgende Streben dahin, das Verhältnis von Basis zu Höhe zu immer neuen Rekorden zu treiben.

Typisch für die Kirchen der Gotik sind die hohen Fassadentürme, die den Blick nach oben lenken. Besondere Berühmtheit unter den Kirchtürmen erlangte einer der schönsten Türme Italiens, der wegen seiner Neigung der „Schiefe Turm" von Pisa genannt wird. Erhalten geblieben sind in einigen italienischen Städten Geschlechtertürme, ehemals Statussymbole einflussreicher Patrizierfamilien.

Immer waren es spekulative Entwürfe, die faszinierten. Die Verwendung von Stahl und Stahlbeton lieferte Ende des 19. Jahrhundert die technischen Möglichkeiten, extrem hoch zu bauen. Der Eiffelturm erfüllte den Traum, einen Turm zu bauen, der die Vorstellung des Machbaren übertraf.

Lange Zeit galten die Wolkenkratzer in Chicago und New York als Inbegriff der modernen Bau- und Ingenieurskunst. Als Wahrzeichen aus Stahl und Beton repräsentieren sie Macht und Stärke. Jedoch bezeugte die Zerstörung der Twin Towers am 11. September 2001 die Verletzlichkeit solcher Symbole.
Inzwischen hat die Jagd auf das höchste Gebäude der Welt zwanghafte Züge angenommen. Sie findet hauptsächlich in den Metropolen Asiens und der arabischen Halbinsel statt. In diesen Gebäuden trifft sich das Kunstwollen eines über die Nützlichkeit hinausgreifenden Entwurfs auf den Anspruch einer über das Machbare hinausgreifenden Technologie (vgl. Lippert, 2004).

Grundschulkinder haben bereits eine Vorstellung davon, dass es die unterschiedlichsten Türme gibt, viele werden auch schon eine Turmbesteigung erlebt haben. In diesem Kapitel erfahren sie etwas über Türme und werden dazu angeleitet, Türme zu bauen.

Giorgio de Chirico, Der große Turm, 1913

·COLONIA·

Immer höher

Zum Einstieg in das Thema lernten die Kinder das Gedicht *Immer höher* von Ernst Jandl kennen.
Dieses Gedicht hat Norman Junge illustriert. Da klettert ein Mann auf einen Sessel, mit dem Sessel auf einen Tisch, mit beidem auf ein Haus, dann mit Sessel, Tisch und Haus auf einen Berg und schließlich auf den Mond.

Junges kongeniale Illustrationen treiben das Gedicht von Ernst Jandl sozusagen auf die Spitze. Am Ende befindet sich seine melancholische Figur mit ihren Habseligkeiten im Weltall. Was nun?, möchte man fragen. Ein augenzwinkernder Beitrag zum menschlichen Bestreben, ganz hoch hinauszukommen.

Norman Junges Illustrationen zu Ernst Jandl *Immer höher*

Immer höher

DER MANN STEIGT AUF DEN SESSEL
der mann steht auf dem sessel
DER SESSEL STEIGT AUF DEN TISCH
der mann steht auf dem sessel
der sessel steht auf dem tisch
DER TISCH STEIGT AUF DAS HAUS
der mann steht auf dem sessel
der sessel steht auf dem tisch
der tisch steht auf dem haus
DAS HAUS STEIGT AUF DEN BERG
der mann steht auf dem sessel
der sessel steht auf dem tisch
der tisch steht auf dem haus
das haus steht auf dem berg
DER BERG STEIGT AUF DEN MOND
der mann steht auf dem sessel
der sessel steht auf dem tisch
der tisch steht auf dem haus
das haus steht auf dem berg
der berg steht auf dem mond
DER MOND STEIGT AUF DIE NACHT
der mann steht auf dem sessel
der sessel steht auf dem tisch
der tisch steht auf dem haus
das haus steht auf dem berg
der berg steht auf dem mond
der mond steht auf der nacht

Ernst Jandl

Die Twin Towers, World Trade Center, New York City

Ablauf

Zunächst wird der Text des Gedichtes vorgelesen. Die Kinder werden ermuntert, die Augen zu schließen und in ihren Köpfen Bilder zum Gedicht entstehen zu lassen. Über diese Vorstellungsbilder findet ein Gespräch statt. Anschließend werden Norman Junges Bilder zum Gedicht betrachtet. Es ist reizvoll, die eigenen Vorstellungen und die des Künstlers zu vergleichen. Die Kinder sollten Gelegenheit haben, das Dargestellte zu kommentieren. Wer mag, zeichnet nun, angeregt durch eigene Ideen und die Junges, selbst ein Bild zum Gedicht.

Alter

6–10 Jahre

Zeitrahmen

1 Doppelstunde

Material

- Bilderbuch: Ernst Jandl/Norman Junge *Immer höher*
- Zeichenblöcke
- Farbstifte

Türme bauen

Die Faszination, etwas immer höher zu bauen, ist vielen Kindern vertraut. Schon Zwei- bis Dreijährige schichten gern Bauklötze oder Dinge aufeinander und betrachten das gelungene Werk mit Stolz. Auch größere Kinder kennen die Freude am Bauen, Konstruieren, Montieren und das Glück über das Ergebnis.

In der Kölner Grundschule, in der die Türme entstanden, die hier zu sehen sind, war es Norman Junge, der mit den Kindern arbeitete und sie zum Bauen anleitete. Die Kinder konnten den Künstler in seinem Atelier besuchen, seine Kunstwerke betrachten, manches anfassen, Werkzeuge ausprobieren und Fragen stellen. Das Zusammentreffen mit dem Künstler war für die Kinder ein besonderes Erlebnis. Sie zeigten Respekt vor dem Werk und Bewunderung für die künstlerische Arbeit. Norman Junge berichtet seinerseits, wie sehr ihn die Arbeit mit den Kindern beglückt und inspiriert hat.

Alter

7–10 Jahre

Zeitrahmen

2–3 Doppelstunden

Material

(vorher gemeinsam sammeln)

- Papprollen (Küchenrollen), zersägte Papprollen von der Post
- Pappe, Schachteln
- Bauklötze
- Holzleisten (Abfallstücke vom Schreiner, möglichst gleiche Länge)
- Plastikbehälter (z. B. leere Joghurtbecher)
- Kleister, Farbe
- Nägel, Hämmer

Ablauf

Zunächst experimentieren die Kinder mit dem zur Verfügung stehenden Material, indem sie möglichst viele Teile aufeinander schichten, ohne sie zu befestigen. Das erfordert viel Geschick und der Wettbewerb „Meiner ist höher" stellt sich unmittelbar ein. Aufregend ist der Versuch, jeweils noch etwas mehr Höhe zu erreichen. So machen die Kinder Erfahrungen mit der Statik und erleben, oft mit Genuss, dass das Gebilde irgendwann in sich zusammenstürzt. Der Turm wird dann – solider – wiederaufgebaut.

Anschließend werden die Türme gemeinsam betrachtet. Die Kinder stellen fest, dass sie ganz unterschiedlich aussehen und reden darüber. Manche Türme erinnern an moderne Architektur, andere an mittelalterliche Bauten.

Kinder, die gern transportable, kleine Türme bauen wollten, wurden von Junge mit Holzleim, Hammer und Nägeln ausgestattet. Bei ihm gab es keine Vorgaben, ob die Kinder in Gruppen oder einzeln arbeiten wollten.

Norman Junge hilft beim Bauen

Anregungen für die Weiterarbeit

Wenn Deutschunterricht und Sachunterricht einbezogen werden können, tragen die Kinder zunächst Bilder und Bücher zum Thema zusammen. So kann z. B. Paul Maars Sach- und Erzählbuch *Türme* in der Bibliothek ausgeliehen werden. Es eröffnet ein weites Spektrum interessanter Aspekte zu diesem Thema. Von den ersten Türmen ist dort die Rede, von Türmen in anderen Kulturkreisen, von Kirchtürmen und Turmkatastrophen. Turmsagen sind dort zu finden und wir erfahren, wie der Turm ins Schachspiel kam.

Wer das Thema aus historischer Sicht vertiefen möchte, legt mit den Kindern eine einfache Zeitleiste an, um dort Bilder berühmter Türme zuordnen zu können. Die Jahrhunderte werden in drei Abschnitte unterteilt: Altertum, Mittelalter, Neuzeit. In Großstädten bietet es sich an, die Türme der Stadt zu besuchen. Sie können von den Kindern fotografiert oder gezeichnet werden.

Im Deutsch- oder im Religionsunterricht wird die biblische Erzählung des Turmbaus zu Babel gelesen. Im Kunstunterricht betrachten die Kinder dazu Pieter Brueghels Bild. Am Ende stellt man den Kindern ein wunderbares Gedicht vor, in dem wohl von einem Turm die Rede ist, nicht aber von der Hybris des Menschen, sondern vom dankbaren Schauen auf die Schönheit der Welt:

Annegert Fuchshuber, Zeichnung zu *Das Märchen von der kranken Prinzessin*

Der Türmer

Zum Sehen geboren,
Zum Schauen bestellt,
Dem Turme geschworen,
Gefällt mir die Welt.
Ich blick in die Ferne,
Ich seh in der Näh
Den Mond und die Sterne,
Den Wald und das Reh.
So seh ich in allen
Die ewige Zier,
Und wie mir's gefallen,
Gefall ich auch mir.
Ihr glücklichen Augen,
Was je ihr gesehn,
Es sei wie es wolle,
Es war doch so schön!

Johann Wolfgang von Goethe

AINZER
STRASSE

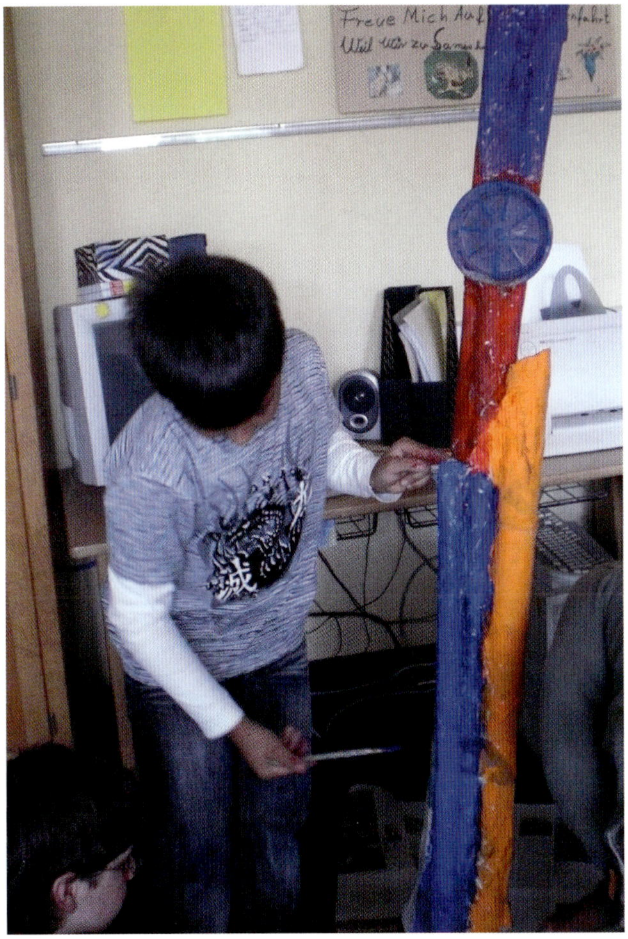

3.4 Entwürfe für die Stadt

Die Gestaltung des Lebensumfeldes gehört zu den Grundbedürfnissen des Menschen. Unsere Räume richten wir gerne nach eigenen Vorstellungen ein. Aber der Wunsch, mehr als das unmittelbare Umfeld zu gestalten, ist selbst für Stadtplaner nur in eng gestecktem Rahmen möglich. Zumindest in kleinem Maßstab aber können eigene Ideen und Wünsche realisiert werden. Dabei ist die Vorstellungskraft gefordert und die gemeinsame Planung. Zugleich wird der Blick für die gebaute Umwelt geschärft.

Eine Straße und mehr

Für jüngere Kindern ist es reizvoll, eine Straße und deren nähere Umgebung zu planen. Die Straße wird mit einfachen Mitteln gestaltet und als Lebensraum wahrgenommen. Was liegt rechts und links der Straße? Was erscheint den Kindern für ein eigenes Grundstück attraktiv und wichtig? In Gruppen denken sie darüber nach und setzen ihre Ideen um.

Ablauf

Zuerst wird eine Straße vorbereitet. Dazu dient ein als Straßenverlauf ausgeschnittener langer Streifen Karton. Die Kinder „pflanzen" dort Bäume – die Straße wird zur Allee. Dann arbeiten sie in Gruppen (jeweils 3–4 Kinder). Jede Gruppe bekommt ein „Grundstück" (aus Pappe oder Holz), das nach Belieben bepflanzt und/oder bebaut werden kann.
Bevor die Kinder entsprechende Entscheidungen treffen, überlegen sie miteinander, wie sie ihr Grundstück gestalten. Soll es ein großes Haus und einen Park bekommen? Soll ein Fußballfeld entstehen? Oder lieber ein Schwimmbad? Ein Kinderspielplatz? Ein Kino?
Wenn alle Gruppen mit ihrer Arbeit fertig sind, wird eine Ausstellung im Klassenraum veranstaltet. Jeweils eine Gruppe lädt die übrigen Kinder ein, um die eigene Planung vorzustellen.

Alter

6–8 Jahre

Zeitrahmen

3–4 Doppelstunden

Material

- langer Kartonstreifen für die Straße
- Bäume (vorher gebastelt oder Spielzeug)
- Größere und kleinere Gebäude (vorher gebastelt)
- farbiges Papier (für Fußballfeld, Schwimmbad etc.)
- Pappe oder Holz (für jede Gruppe als „Grundstück“)
- Klebstoff

Anmerkung: Im Klassenraum (oder an anderer geschützter Stelle) sollte das Modell eine Zeit lang stehen bleiben, damit es zum Betrachten, zur Weiterarbeit oder zum Spielen genutzt werden kann.

Wir bauen eine Stadt
Hier geht es um den Bau eines größeren Modells. Die Arbeit ist dann zu empfehlen, wenn engagierte und sachkompetente Eltern oder Institutionen zur Mitarbeit gewonnen werden können. Ein solches Vorhaben wurde zum Beispiel in Zürich realisiert – nicht unter dem Aspekt fantastischer Architektur, sondern als Projekt zur Stadtplanung unter Berücksichtigung funktionaler Zusammenhänge.

Hier beginnt die Arbeit mit dem Erforschen der eigenen Stadt. Am Anfang kann ein Blick auf das Modell der Stadt stehen. In stadtgeschichtlichen Museen sind solche Modelle zu finden. Dreidimensional liegt z. B. eine frühe Entwicklungsphase der Stadt vor, in der die Kinder leben. Das Modell verdeutlicht, wie alte Städte um einen Kern herum entstanden.

Wenn ein solches Modell nicht vorliegt, eignet sich eine Luftaufnahme der Stadt. Sie lässt auch einen Blick auf die Umgebung zu, etwa einen Fluss und Brücken. Größere Gebäude lassen sich unterscheiden: der Bahnhof, das Rathaus, möglicherweise Fabriken etc.
Die Überlegung wird dann sein: Was finden wir schön und wichtig in unserer Stadt, was wollen wir in unserer „Idealstadt" übernehmen?

Da eine Vielzahl der deutschen Städte im Mittelalter entstanden ist, lässt sich fragen: „Wie ist das mit unserer Stadt? Gibt es bauliche Zeugnisse vergangener Zeiten, die wir in der eigenen Stadtplanung erhalten, vielleicht sogar hervorheben wollen?"

Ablauf

Am Anfang steht ein Gespräch über die Lage der Stadt, denn bevor die Stadt gebaut wird, ist ja dort bereits eine Landschaft. Wie sieht die Umgebung unserer Stadt aus?

Dann arbeiten die Kinder in Gruppen. Jede Gruppe entscheidet sich für einen Teil der Stadt. Eine Grundstruktur wird gemeinsam entwickelt, die wichtigsten Straßenzüge und Wasserläufe werden festgelegt.

Die Häuschen wurden hier aus einem Grundmuster ein- bis dreigeschossiger Häuser von den Kindern gezeichnet, teilweise bemalt, aus Karton gebastelt und mit Dachschindeln versehen.

Gemeinsam überlegen die Kinder dann, ob die Häuser in Straßenzügen aneinandergebaut werden oder einzeln stehen sollen. Dabei kann zum Beispiel die Überlegung diskutiert werden, ob die Energieversorgung in verdichteter Bauweise effizienter ist. Die Schweizer Kinder entscheiden sich für Wasserläufe in ihrer Stadt, großzügige Vorgärten und begrünte Innenhöfe. Die wenigen Straßen sind schmal, in den begrünten Wohngebieten sind kaum Autos zu sehen.

Alter

9–10 Jahre

Zeitrahmen

1 Projektwoche

Material

- Grundplatte für das Modell (Pappe, Pressspan, Depaphit oder Holz)
- Modellbaumaterial, Papier (Karton), Farben (Acryl, Deckfarben), Blei- und Buntstifte, Leim und Kleber, kleines Spielzeug

Anmerkung: Auch in diesem Fall sollte das Modell einen Platz bekommen, an dem es für längere Zeit stehen kann.

Mit Farben (auch farbigen Papieren), Material aus dem Modellbau, Figuren und kleinem Spielzeug erwacht die Stadt zum Leben. Wichtiger als die Stimmigkeit der Proportionen ist die Möglichkeit, in dieser Stadt zu spielen, Szenerien zu erfinden. Das kann in einer weiteren Arbeitsphase geplant werden. Im Deutschunterricht kann ein Aufsatz über das Leben in dieser Stadt geschrieben werden, zum Beispiel: „Ein Frühlings-, Sommer-, Herbst-, Wintertag in unserer Stadt".

Besonders reizvoll ist es, durch Lampen oder gesteuertes Tageslicht die Tageszeiten zu simulieren. Wenn das Modell in der Nähe des Fensters steht, kann mit farbigen Transparentpapieren, die am Fenster befestigt werden, eine erstaunliche Wirkung erreicht werden.

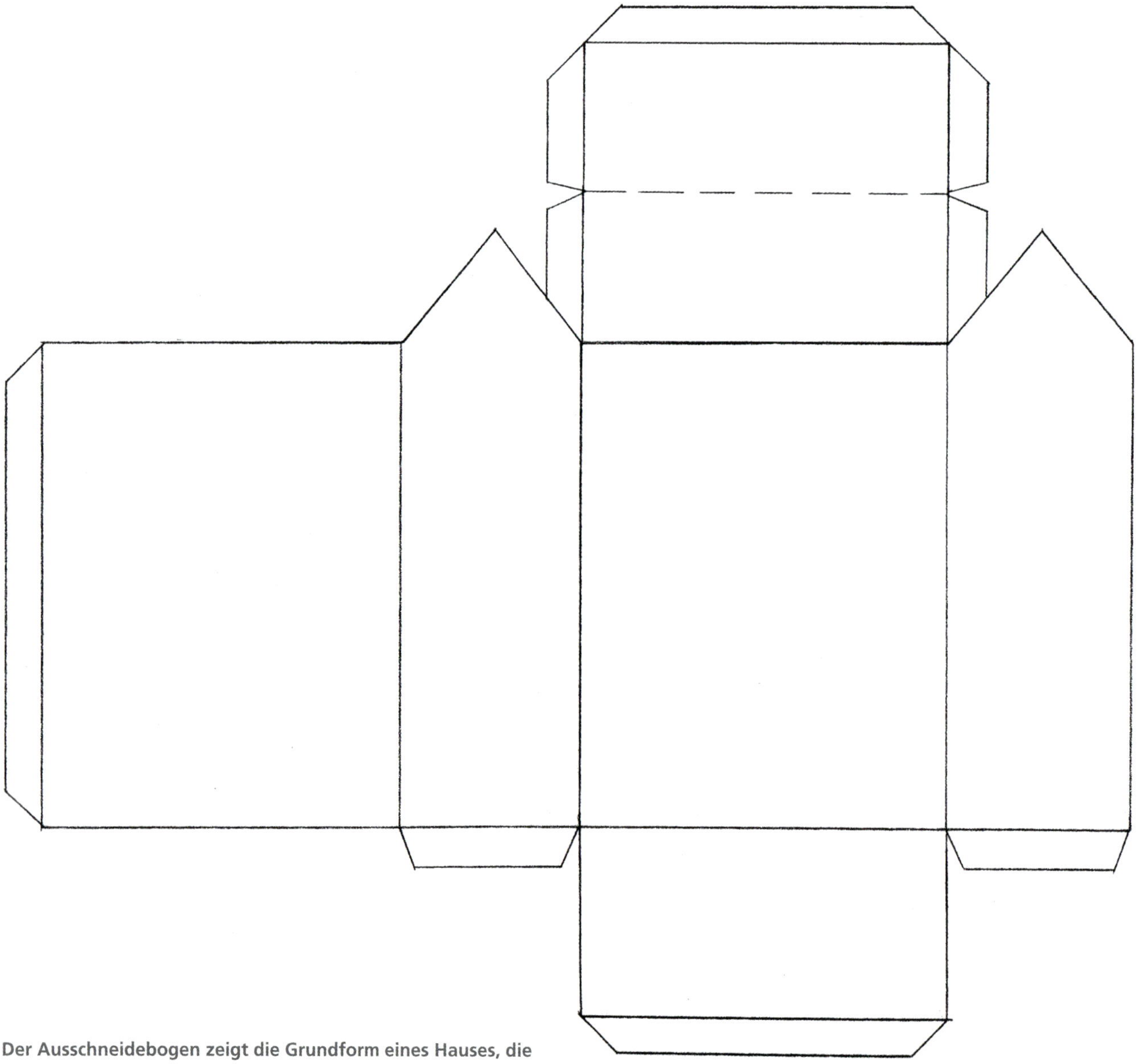

Der Ausschneidebogen zeigt die Grundform eines Hauses, die beliebig verändert werden kann. Durch Verlängern der Höhe kann „aufgestockt" (eine Etage hinzugefügt) werden. Die Verteilung der Fenster und Türen sowie die Ergänzug von Ziegeln auf den Dächern gehören zu den Aufgaben der Schüler.

Modellhäuschen bauen
Im Umgang mit Ausschneidebögen werden elementare Kenntnisse über unterschiedliche Häuserformen und historische Stile vermittelt, gleichzeitig lernen die Kinder, sorgfältig mit Schere und Kleber umzugehen. Die Häuschen können zu Straßenzügen oder einem Platz zusammengestellt und mit eigenen Entwürfen ergänzt werden.

Die meisten Kinder arbeiten am liebsten mit vorgefertigten Ausschneidebögen. Bei größeren Modellen sollte stabileres Papier verwendet werden, bei kleinen Häuschen reicht 120 g-Papier (die meisten Kopierer ziehen bis 180–200 g schweres Papier ein). Die Umrisszeichnung wird kopiert. Danach werden die Häuschen bemalt und ausgeschnitten. Die Linien, die geknickt werden müssen, sollten bei Karton oder schwerem Papier vorher gefalzt werden. Dazu ist eine geschickte Hilfe erforderlich, die auf einer Schneidematte oder Pappe mit einem Dorn oder anderen spitzen (aber nicht schneidenden) Gegenstand die Faltlinien der ausgeschnittenen Häuschen nutet, bevor die Kinder sie zusammenbauen und kleben können. Die Kinder können auch ohne Hilfe und ohne Verletzungsgefahr mit einem leeren Kugelschreiber die Linien (mit kräftigem Druck) auf einem weichen Untergrund (z. B. Pappe) nachziehen.
Das Kleben mit Klebestiften gelingt besser als mit Klebern aus der Tube oder Flasche. Auf einer Unterlage (Papier) wird der Kleber auf die Laschen verteilt, danach werden die beiden Teile fest aneinandergedrückt, damit der Kleber hält.

Die einfache Grundform eines Häuschens wird in drei verschiedenen Größen kopiert, so daß die Häuser aneinandergesetzt werden können. Auf unserem Foto sind sie aus Kapaplatten (Polyurethan) gebaut, mit Japanpapieren bezogen und innen beleuchtet. Auch wenn die Arbeiten der Kinder nicht so perfekt gelingen, wie auf dem Foto: Hier geht es vor allem um die Förderung handwerklicher Sorgfalt.

Alter
8–10 Jahre

Zeitrahmen
2–6 Schulstunden
auch als Thema für eine Projektwoche gut zu verwenden (vgl. Kapitel *Wir bauen eine Stadt* Seite 96)

Material
- vorbereitete Kopien auf Karton oder festem Papier
- Klebstoff, (Klebestifte)
- Stifte, Malfarben, Scheren
- für eine erwachsene Hilfe: ein Dorn

Für Kinder, die selbst ein Häuschen konstruieren wollen:
zusätzlich Geodreieck, eventuell Zirkel, spitzer Bleistift

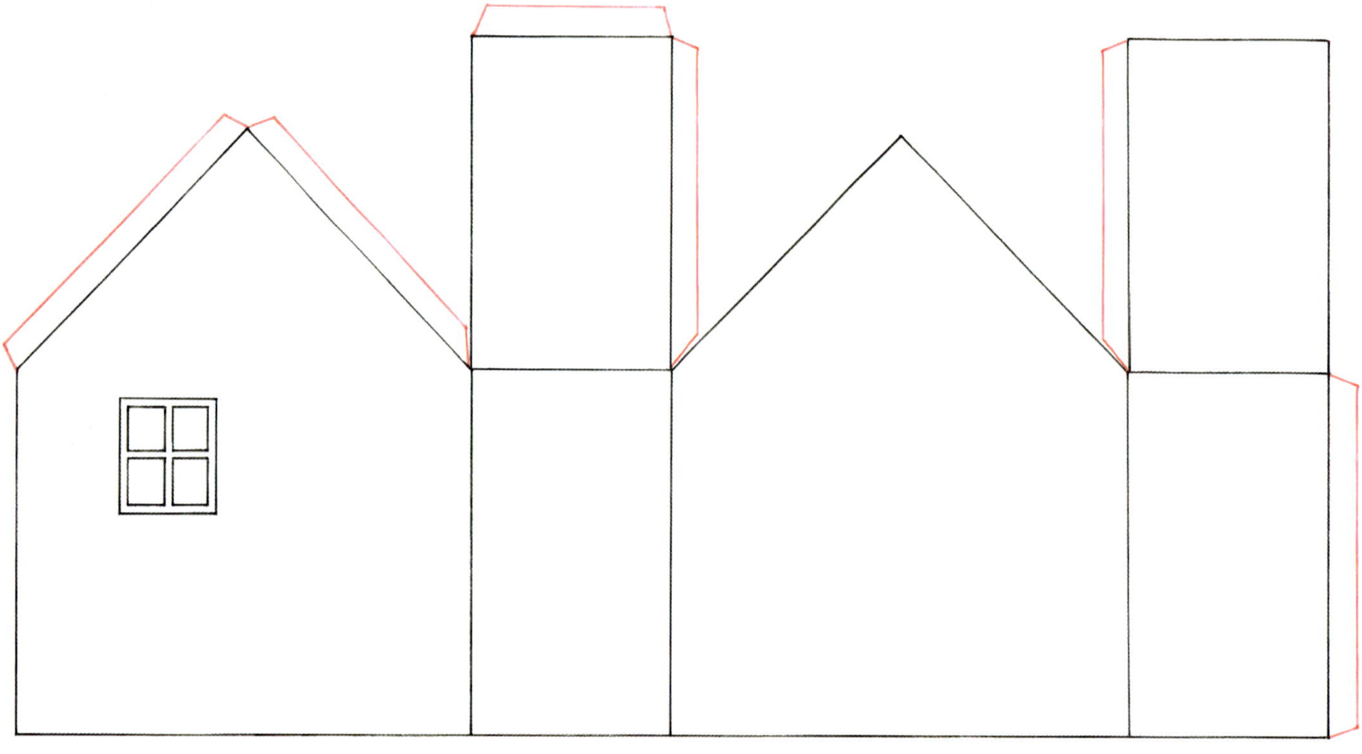

Verkleinerter Ausschneidebogen zur Grundform eines Häuschens von S. 98

Der sechsjährige Fabio hat mit wenig Hilfe säuberlich die Umrisse des Häuschens (Theaterchen) gezeichnet, das er bauen will. Wie wir sehen, traut man ihm zu, mit einem Cutter umzugehen. Das kann in der Schule nicht zugelassen werden, aber einige Kinder sind bereits früh in der Lage, selbstständig ein Häuschen zu konstruieren. (Zur Vereinfachung kann mit Kästchenpapier gearbeitet werden.) Fabio hat sein Grundraster auf einen festen Karton gezeichnet, bemalt das Häuschen, falzt und schneidet aus.

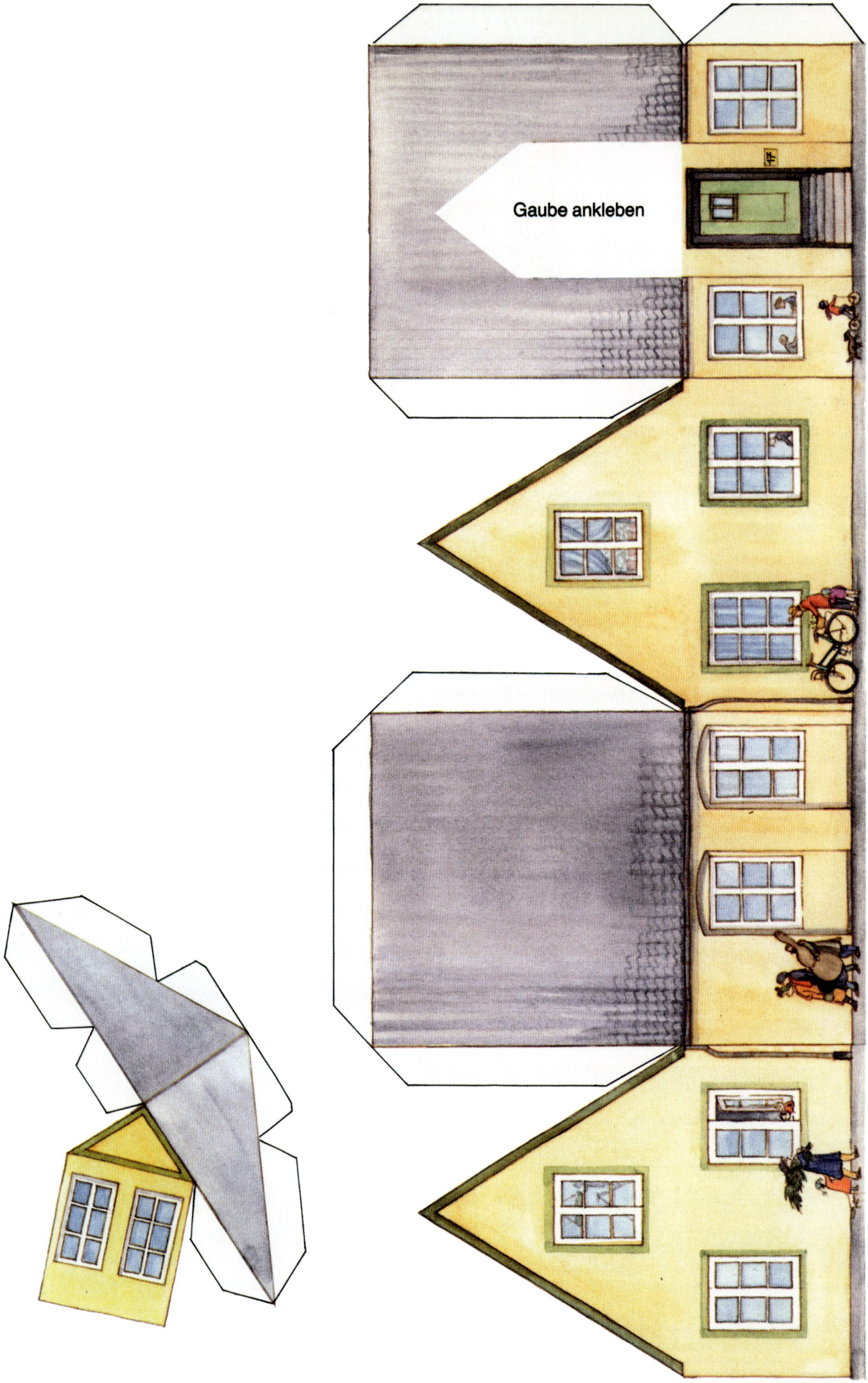
Gaube ankleben

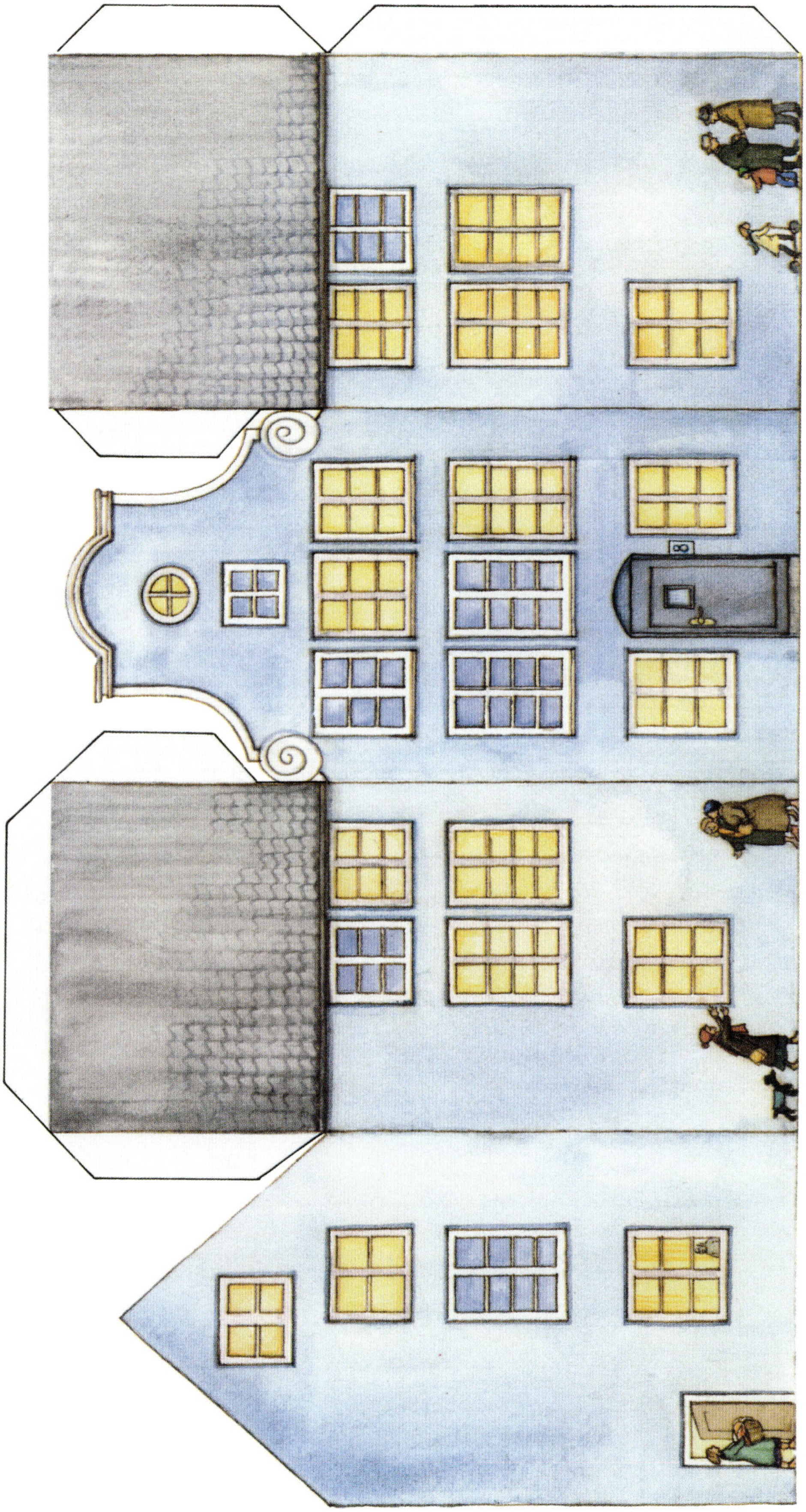

Del Monte
TOBLERONE

4 | Ergebnisse präsentieren

4.1 Weshalb präsentieren?

Die Arbeiten, die in der Schule entstehen und die den Kindern wichtig sind, sollten gewürdigt und anderen gezeigt werden. Deshalb werden die Bilder, Plastiken und Texte, die in der Auseinandersetzung mit dem Thema Architektur entstanden, ausgestellt. Zur ästhetischen Erziehung der Kinder gehört auch der professionelle Umgang mit ihren Arbeiten.

Kinder zeigen mit ihren Arbeiten etwas von sich. Das Eigene für andere zugänglich zu machen, führt zu einer erhöhten Identifikation mit dem Thema und zu einer Bestätigung für das Gestaltete und das persönliche Engagement. Zugleich stellen die künstlerischen Arbeiten ein Angebot zur Kommunikation dar.

Nicht nur die Ergebnisse sollen gezeigt werden, auch Arbeitsprozesse lassen sich darstellen. Mit Digitalkameras und Scanner lassen sich Entstehungsprozesse dokumentieren.

4.2 Zur Auswahl der Arbeiten

Hier gelten pädagogische und ästhetische Aspekte.
Zu den pädagogischen gehört der Zusammenhang, in dem das Ausstellungsmaterial steht und dem, was sich als Kommunikationsangebot daraus ergibt. Außerdem hat jedes Kind den Wunsch, mit den eigenen Arbeiten in der Ausstellung vertreten zu sein. Wenn nicht alle Arbeiten ausgestellt werden können, sollten die Kinder über die Auswahl mitentscheiden.

Linke Seite:
Auf dieselbe Etagenhöhe kopierte, auf Karton aufgezogene, ausgeschnittene Häuser

Auf Passepartoutkarton aufgezogene Bilder aus dem Kapitel 2.5, als Leporello gefaltet

Leporello mit Fabrikcollagen aus dem Kapitel 2.7

4.3 Wie ausstellen?

Zur Würdigung der Arbeitsergebnisse gehört, dass sie angemessen präsentiert werden.

Die Vermittlung der Ziele und Zusammenhänge des Unterrichts ist ein wichtiger Aspekt. Für das Architekturprojekt bedeutet dies, den Besuchern der Ausstellung deutlich zu machen, weshalb sich die Kinder mit dem Thema Architektur beschäftigt haben und weshalb es wichtig ist, Kinder an dieses Thema heranzuführen. Dazu bietet sich ein kurzer einführender Text an.

Es ist sinnvoll, einen professionellen Grafiker, Architekten oder Ausstellungsmacher unter den Eltern um Rat zu fragen. Lehrer sind in diesem Gebiet nicht ausgebildet. Bilder sollten gerahmt (Wechselrahmen sind nicht teuer) und nicht „irgendwie" mit Klebestreifen befestigt werden.
Außerhalb des Klassenzimmers kann mit einfachen, weißen Stellwänden gearbeitet werden (Flure, Eingangshalle). Dabei müssen geeignete Lampen besorgt werden.

Wenn alle Arbeiten berücksichtigt werden sollen, bietet sich dieses Präsentationskonzept an: Leporellos haben den Vorteil, dass sie gestellt *und* gelegt werden können. Gelegt können sie wie Bücher durchgeblättert werden, gestellt zeigen sie die Bilder, die betrachtet werden sollen. Dabei können unterschiedliche Bilder flexibel hervorgehoben werden.

Die Maße der Leporellos richten sich nach den größten Arbeiten der Kinder (in der Regel sollten diese ungefähr gleich groß sein). Bei Hoch- wie auch bei Querformaten wird ein quadratisches Format gewählt.
Da die meisten Passepartoutkartons in den Maßen 70 × 100 cm zu kaufen sind, bietet sich z. B. bei Arbeiten in DIN A4 eine Halbierung auf 35 × 100 cm an. (Nicht alle Leporellos in unterschiedlichen Formaten herstellen!) Sie können beim Kauf die Kartons bereits zuschneiden lassen.

Gelungene Präsentationen sieht man in den museumspädagogischen Abteilungen (hier: museum kunst palast, Düsseldorf).

Material und Vorgehensweise

- Passepartoutkarton, steif (ca. 1 mm)
- Cutter, mindestens eine große Schneidematte, Falzstift, Metallschiene, Klebefolie oder Sprühkleber
- bei doppelseitiger Folie (von der Rolle) Filzspachtel

Die Streifen werden in gleichmäßigen Abständen auf einer Unterlage gefalzt (beispielsweise kann bei Hochformaten A4 vier Mal gefalzt werden – je 25 cm).

Die Bildränder werden ausgemessen, mit Bleistift angezeichnet. Bitte achten Sie darauf, dass der untere Rand etwas größer ist als der obere, sonst fallen die Bilder optisch „unten heraus".

Bitte arbeiten Sie mit Sprühkleber nur draußen und achten Sie darauf, dass Kinder beim Zuschauen Abstand halten. Sprühkleber ist sehr praktisch – aber giftig. Das Bild umgekehrt auf eine Zeitung legen, besprühen, dann schnell auf das vorgezeichnete Feld kleben. Dabei legt man eine Kante an und streicht dann das Papier mit einem Filzspachtel, Stoff oder (bei kleineren Formaten) den Händen glatt. Wenn die Zeichnung verschmieren kann, bitte beim Glattstreichen ein Blatt Papier darüber legen. Anfänger sollten Sprühkleber benutzen, der sich im Notfall wieder ablösen lässt. Leider hält er nicht ganz so gut.
Bei Bedarf (oder wenn die Leporellos nicht auf Regalen, sondern auf Tischen im Raum ausgestellt werden, also beidseitig einsehbar sind) können Sie Vorder- und Rückseite bekleben.
Das Arbeiten mit doppelseitig klebender Folie ist schwieriger, da man Fehler (Luftblasen, Falten) nicht mehr korrigieren kann.
Klebestifte kann man nur bei kleinen Maßen verwenden; bitte nicht „rundherum" kleben, sondern ganzflächig. Kleber wie UHU sind bei Papier nicht zu empfehlen; wasserhaltige Kleber müssen sehr dünn und gleichmäßig verstrichen werden und sind nur bei festem Papier gut zu gebrauchen.

4.4 Wo soll präsentiert werden?

Als Ausstellungsbereich kommen neben dem Klassenraum der Eingangsbereich oder die Flure der Schule in Frage. Eine weitere interessante Plattform stellt die Homepage der Schule dar.

Ausstellungsorte außerhalb der Schule können ein Bindeglied zwischen Schule und der weiteren Öffentlichkeit sein. Für das Architekturprojekt kommen Räume eines Museums, der Verwaltung, einer Bank oder Sparkasse oder andere öffentliche Gebäude am Ort in Frage.

Als Ausstellungsbereich eignen sich eine Klasse oder die Flure besser als Aulen oder Turnhallen, in denen sich schon wegen ihrer Größe alles Ausgestellte „verliert". Hässliche Stellwände, kreuz und quer im Raum verteilt, zeigen krumm und schief angepinnte Schülerarbeiten. Das ist weder „lebendig und fröhlich" noch wertet es die Arbeiten auf. Auch Dutzende von Fotokopien zur Geschichte der Schule möchte niemand lesen. Sinnvoll sind wenige, nicht zu lange Texte auf großen Fahnen.

Für die Arbeiten der Kinder empfiehlt sich eine Beamervorführung, dazu muss der Raum allerdings etwas abgedunkelt sein. Eine andere Lösung ist die auf Seite 107 gezeigte Präsentation auf Leporellos.

So sieht es leider oft aus …

Orte zum Leben und Lernen

Gespräch mit der Architektin Prof. Dr. Susanne Hofmann

Die ersten prägenden architektonischen Erfahrungen der Kinder stellen neben dem Elternhaus und der Wohnstraße der Kindergarten und die Schule dar. Gerade diese Baukomplexe müssen dem Bedürfnis der Menschen, die in ihnen lernen und arbeiten sollen, Rechnung tragen. Außer den Schulklassen und den Orten der Begegnung wie dem Pausenhof brauchen Schulen und Kindergärten Räume, in denen Kinder, aber auch Lehrer, allein sein und sich zurückziehen können. Einige Schulen haben Bibliotheken eingerichtet, in denen Kinder auf bequemen Sitzmöbeln in Ruhe lesen können. Aber leider sind die wenigsten Schulen Orte, an denen man freiwillig verweilen möchte. „Abgesehen von wenigen Ausnahmen ist die Architektur von Schulen stark an pädagogisch-didaktischen Vorgaben ausgerichtet. Funktionale Aspekte, wie ein reibungsloser Ablauf des Schulalltags, stehen im Vordergrund und lassen dem (...) Individuum kaum Entfaltungsmöglichkeiten. Es findet keine Identifikation mit der Schule und ihrer Architektur statt. Häufig ist dies die Ursache für Aggressionen, die zu Vandalismus im Schulgebäude und Gewalt gegen Mitschüler führen." (Dorothea Seror, S. 38) Leider gibt es – außer wenigen Ausnahmen – vorwiegend standardisierte, anonyme und trostlose Schulbauten mit endlosen Fluren. Wenn Unordnung, Schmutz und häßliche Abnutzungserscheinungen bei billigem Baumaterial erstmal um sich greifen, wirkt sich das auf die Stimmung und Lernbereitschaft aus: alle sind froh, wenn sie diese Bauten verlassen können.

„Unsere Erfahrung im Schulbau: Lehrer, die meist nichts zu sagen haben und Bauherrn, die kein brennendes Interesse an einem ernsthaften Dialog haben – außer an den Kosten der Veranstaltung. Die Lehrer meckern über den grauen Sichtbeton und überstreichen die fein abgestimmten Farben nach eigenem Geschmack. Meist fehlt eben die Zeit, etwas gemeinsam zu entwickeln...", stöhnt der Architekt Gerhard Müntinga. Nur in wenigen Fällen gibt man Architekten, Schülern und Lehrern die Möglichkeit, sich zusammenzusetzen, um mit ihnen über ihre Bedürfnisse und Träume zu reden (siehe Schulträume, S. 58 f.).

Bereits nach der Kriegszerstörung wurde Wert auf helle, offene Architektur gelegt, die der Förderung einer demokratischen Erziehung der neuen Generation dienen sollte. Auf S. 48 ist die Rolandschule von Paul Schneider-Esleben zu sehen. Der Architekt machte es mit einem unkonven tionellen Verfahren möglich, Werke junger Künstler in die Finanzierung „einzubauen". (Es handelte sich immerhin um die Künstler der Zero-Gruppe und Joseph Beuys.) Auch der große Architekt Hans Scharoun, der zwei Schulen gebaut hat, forderte 1970 größere Offenheit in der Planung: „So ist es heute unser Wunsch, dass es zu keiner zu frühen Erstarrung der lebenskräftigen Bewegung, der lebendigen Wandlung kommen möge, zu keiner voreiligen Perfektion – auch nicht im Bereich des Technischen. Dass vielmehr statt Perfektion Improvisation gelten möge, die den Weg der Entwicklung offen hält..." Seine Geschwister-Scholl-Schule in Lünen wird gerade restauriert. Mit der Marler Schule bekam Scharoun die Gelegenheit, einen beispielhaften Lernraum zu verwirklichen: mit „nestartigen" und „geheimen Bezirken" für die Schüler der Unterstufe bis zu den „rationalen" Denkräumen der Oberstufe. Im Zentrum der Schule steht eine muschelförmige Aula, um die sich die „Schülerwohnungen" gruppieren.

In den letzten Jahren setzt sich endlich ein bereits von der 68er-Generation gefordertes und vieldiskutiertes Konzept durch: partizipative Planungsprozesse. Archi-

Ausklappbare Kuschelhöhlen geben in einem Flur den Kindern einen Rückzugsort. „Die Plätze sind immer heiß begehrt", sagt eine Lehrerin. Mit überschaubaren Eingriffen haben die Baupiloten die gesamte Atmosphäre des Gebäudes verändert. „Seit der Silberdrache eingezogen ist, kommen die Kinder viel lieber hierhin", sagt die Schulleiterin. Und damit steige auch die Lust am Lernen. Obwohl an der Schule im sozialen Brennpunkt Wedding mehr als 80 Prozent der Schüler aus Einwandererfamilien sind, bekommt rund ein Drittel eine Empfehlung fürs Gymnasium. Auch deshalb wurden die „Silberdrachenwelten" 2004 vom Bund-Länder-Programm mit dem Preis „Soziale Stadt" ausgezeichnet, der alle zwei Jahre vergeben wird.

tekten entwickeln gemeinsam mit den zukünftigen Nutzern – Schülern und Lehrern – Konzepte für den Schulbau. Wir können in diesem Zusammenhang nicht darauf eingehen, dass in Deutschland viele gute Ideen wegen enger Bau- und Planungsvorschriften nicht realisiert werden können. Beispiele von Schulen, die sich auch zu dem Stadtteil öffnen, in dem sie stehen, sieht man vor allem im Ausland, aber auch hier gibt es neue Ansätze (BDA, NRW: „Zurück in die Stadt").

Die vom Architekturbüro Peter Hübner gebauten Schulen gehören zu den schönsten Beispielen gelungener Architektur. Hübner, der bereits seit den frühen 80er-Jahren Studenten, Schüler und Lehrer in die Planung aktiv einbezog, bestätigt, dass diese Schulen auch noch von den nachfolgenden Generationen als „von ihnen geplant" angesehen werden. (Die Kinder sagen: „Die haben wir selbst gebaut.") Tatsächlich weisen diese Schulen nach vielen Jahren keine Spuren von Vernachlässigung oder Vandalismus auf.

Ganz andere Ergebnisse zeigen die ebenfalls in partizipativer Planung entstandenen Schulbauten, -umbauten und Kindergärten von den „Baupiloten", einem Joint Venture des Architekturbüros Susanne Hofmann Architekten und der TU Berlin. Durch diese Kooperation können Projekte je nach ihrer Komplexität durch das Architekturbüro oder im Rahmen des Studienreformprojektes „Die Baupiloten" bearbeitet werden, im Idealfall in unmittelbarer Ergänzung. Das wesentliche Kennzeichen dieser Arbeit ist, die zukünftigen Nutzer an der Konzeption der Projekte teilhaben zu lassen. Aus den Wünschen und Vorstellungen der Nutzer und der gemeinsamen Wahrnehmung der Stimmungsqualitäten eines Ortes entwickeln die Baupiloten ein Architekturkonzept. Ihr Schwerpunkt liegt bei Projekten, die der Bildung dienen und in einer besonderen Weise dem Ansatz einer sozialen Stadtentwicklung verpflichtet sind. Kindergärten, Schulen und universitäre Einrichtungen sind ihre wesentlichen Betätigungsfelder.

Gleichzeitig beweisen sie, dass ökologisch nachhaltige und energiebewusste Architektur nicht langweilig und enthaltsam sein muss. Neben Energieeinsparung durch umweltbewusste Konzepte und energetisches Sanieren sowie dem Einsatz erneuerbarer Energiequellen werden Aspekte der Forschung, der Pädagogik und Naturerlebnisse beachtet.

Ich hatte die Gelegenheit, mich in Berlin mit Susanne Hofmann zu treffen. In den Institutsräumen der TU herrscht eine anregende, kreative Unordnung. Auf allen Tischen liegen Pläne, Zeichnungen, Bücher, Fotos, stehen Modelle – unter anderem auch Skulpturen von Kindern, die als Ideengrundlage für den Ausbau oder Neubau einer Schule oder eines Kindergartens dienen. Die Wände sind dicht behängt mit Fotos aus den verschiedenen Planungsphasen mit den Kindern. Die Atmosphäre ist kreativ, konzentriert und sehr freundlich. Mit einem Glas Wasser und ein paar Büchern darf ich mich während der Wartezeit mit an die Arbeitstische setzen. Frau Hofmann ist nur im Laufschritt unterwegs und wird von allen Seiten angesprochen. Für unser Gespräch setzen wir uns in eins der kleinen angenehmen Berliner Lokale.

Inge Sauer: *In Ihren Projekten für Kinder schlagen Sie gleich mehrere Brücken: Sie integrieren jeweils eine Studentengruppe und vor allem die Kinder, die später den Kindergarten oder die Schule nutzen sollen, vermutlich werden auch die Lehrer und Erzieher einbezogen. So ein partizipatives Vorgehen ist in Deutschland noch ziemlich neu. Konnten Sie dabei auf Erfahrungen aus anderen Ländern zurückgreifen?*

Susanne Hofmann: Durch das Studium und meine Arbeit im Ausland, die vielen Vorträge und Teilnahmen an Symposien entsteht die Möglichkeit sich auszutauschen. Das einzige universitäre Projekt, welches stark mit den Nutzern zusammenarbeitet und mit ihnen gemeinsam ihre Architektur entwickelt, ist das Design Build Studio Rural Studio in Alabama.

Wie machen die Erzieher und Lehrer mit?

Die Identifikation mit unseren Projekten ist sehr unterschiedlich. Die Schulleiterin von der Erika-Mann-Schule in Berlin-Wedding zum Beispiel war von vornherein begeistert von der Kooperation, dort arbeiteten wir mit dem Schülerparlament zusammen. An der Galileischule haben wir eine ganze Reihe von Workshops konzipiert, damit alle (!) Kinder teilhaben konnten, die einzelnen Workshops haben die jeweiligen Klassenlehrer geleitet.

Und die Kinder?

Die Arbeit mit Kindern ist besonders inspirierend und macht sehr viel Spaß, weil sie so kreativ und fantasievoll sind, so anschaulich ihre Umwelt beschreiben und gleichzeitig so unverblümt Kritik äußern.

Wenn Kinder selbst ihre Umgebung planen können, tragen sie diese Erfahrung in ihr Leben hinein. Haben Sie Rückmeldungen von den Kindern, was diese Projekte für sie bedeutet haben – wenigstens in einzelnen Fällen?

Die Schulen führen Befragungen durch, die dann auch wieder zu den Baupiloten zurückgeschickt werden – zum Beispiel, welcher Ort für die Kinder am wichtigsten ist. In der Erika-Mann-Schule war das der „Chillroom", den die Kinder mit Studenten in einem Workshop entwickelt haben. Es gibt dort Blüteninseln, auf die sich die Kinder zurückziehen können. Diese Blüteninseln werden von den Kindern immer neu gestaltet.

Die Kinder, die Ideen formulieren und Modelle bauen, werden sich nur einige Jahre in den Gebäuden aufhalten, die sie mitgestaltet haben. Nehmen wir die Geschichte vom Silberdrachen: Wie sehr identifizieren sich die Kinder damit, die an der Idee nicht mitgewirkt haben? Verstehen sie die Bilder und Symbole?

Die Geschichte erzählen die Kinder untereinander. Sie übernehmen dann die Geschichten der anderen Kinder. Zum Beispiel die Garderobe in der Erika-Mann-Grundschule, der Drachenschatz: So ein Projekt wird dann auch von den Kindern weiterentwickelt.
In der Baupilotensprache heißt die Schule jetzt „Heimat des Silberdrachens". Früher unterstützte das 1915 erbaute wilhelminische Schulgebäude eine Pädagogik der Einschüchterung. Heute herrscht dort „Hauchsanftsein". So nannten die Kinder die rosa und pink gestrichenen Flure, wo an der Decke flatternde Lamellen aus Gaze ein duftiges Gefühl verbreiten.

Eine andere Geschichte, die mit den Kindern entwickelt wurde, ist die vom Spion im schimmernden Deckmantel. Sprach- und Bewegungsförderung sind die Leitbilder der sportbetonten Brennpunktschule in Berlin-Moabit. Im Zuge der Umstellung zur Ganztagsbetreuung ist das Erdgeschoss des denkmalgeschützten Ludwig-Hoffmann-Baus zu einem Freizeitbereich ausgebaut worden. Aus der kindlichen Spiongeschichte sind Kommunikations-, Bewegungs- und Forschungsräume entwickelt worden, die den Kindern unterschiedliche Aufenthaltsqualitäten wie Hörräume, Leseorte als Rückzugsorte und Kletterwände zu hochgelegenen Beobachtungsposten bieten. Gleichzeitig entdecken sie spielerisch naturwissenschaftliche Phänomene.
(Fotos: Baupiloten/Jan Bitter)

Durch diese Arbeit mit Ihnen und den Studierenden werden die Kinder ganz anders sensibilisiert ...

Das hat Auswirkungen bis in den ganzen Kiez hinein. Genauso wie in der Kita Taka-Tuka-Land in Berlin-Spandau: Früher ist sie halb leer gewesen, heute übersteigen die Anmeldezahlen die vorhandenen Plätze. Die Erzieherinnen schätzen die Transformation eines gesichtslosen verschachtelten Gebäudes in eine luftige Welt der Pippi Langstrumpf.

Wer sind Ihre Auftraggeber? An wen können sich Schulleiter wenden, die ähnliche Projekte planen?

Wir arbeiten ja oft in sozial schwierigen Quartieren. Bei vielen unserer Schulprojekten war der Auftraggeber das Quartiersmanagement. Gefördert wurden die Projekte oft im Rahmen des bundesweiten Programms „Die Soziale Stadt" und für „wohnumfeldverbessernde Maßnahmen", meist flossen EU-Gelder.

Wir werden aber auch von privaten Trägern beauftragt, die einen großen Gewinn für ihre Kinder sehen, wenn sie in einem Entwurfsprozess beteiligt werden, so auch eine große Wertschätzung für die Architektur und Nachhaltigkeit erwarten.

Und was bedeutet „bottom-up"?

Bottom-up bedeutet, bei den Leuten „unten" anzufangen statt von oben herab zu bestimmen, also Nutzerbeteiligung anzustreben. Hier spielen die Nachbarschaftsbüros – in Berlin: Quartiermanagements – eine wichtige Rolle, die zum bundesweiten Programm „Die Soziale Stadt" (http://www.sozialestadt.de) gehören.

Ihre Arbeitsweise ist ja deutlich aufwändiger als normierte Standardarchitektur, sowohl in der Planung als vermutlich auch in der Ausführung.

Unsere Projekte sehen kostspielig aus, aber sie sind es nicht. Die Studierenden stecken gerade in die kleineren Projekte, die sie realisieren, unglaublich viel Zeit und Liebe. Dazu kommt, dass wir mit Handwerkern arbeiten, die selbst auch große Freude daran haben. Die bekletterbare Fassade im Taka-Tuka-Land hat etwa nur etwa 6.000 Euro gekostet. Wir konzipieren mit vielen Toleranzen und beziehen auch immer die Handwerker so früh wie möglich ein.

Wir können außerdem die Kosten gering halten, weil wir Material recyceln. Wände, die wir herausgenommen haben, konnten wir an anderer Stelle wieder verarbeiten. Die Trockenbauer, mit denen wir arbeiten, machen viele solche Projekte mit uns – sie sind wirklich sehr gut!

Außerdem kosten die Möbel im Bildungsbereich unglaublich viel. Oft werden Sachen angeschafft, die eigentlich keiner will oder braucht. Durch die enge Absprache mit dem Nutzer kann man sehr viel Geld sparen, weil man tatsächlich nur die Dinge anschafft, die man wirklich braucht.

Die Materialien sehen so kostbar aus. Müssen sie oft nachgebessert werden, wenn sie altern?

Nein, wir verwenden robuste Materialien, die abwaschbar sind und gut altern, wie LKW-Folien oder Stoffe, aus denen Fahrradtaschen gearbeitet werden. In der Carl-Bolle-Grundschule Berlin haben wir auch bedampftes Plexiglas verwendet, das mit dem Licht die Farbe ändert. Wir arbeiten auch mit unterschiedlich farbigem Licht. Da ist wenig zu reparieren.

Ist so fantasievolle Architektur mit Brandschutzmaßnahmen und all den anderen Vorschriften vereinbar?

Natürlich halten wir uns strikt an die Vorschriften. In Rettungswegen müssen Mindestbreiten eingehalten werden, darf nichts im Weg stehen, worüber man stolpern oder an das man anecken könnte. Diese Räume müssen brandlastfrei sein, also alle verwendeten Materialen müssen nicht brennbar sein und vieles mehr. Frühzeitig binden wir auch die Unfallkasse in die Planung ein.

Das Interview fand am 4. März 2010 statt.

Aktionen wie „Stuttgart 21" und das Engagement von Bürgern und Künstlern im Hamburger Gängeviertel zeigen, dass Bürgerbeteiligung ein Umdenken bei Politikern und Planern bewirken kann. Das Engagement der Bürger ist eine wichtige Grundlage unserer Demokratie. Solch eine Beteiligung an der Gestaltung des Lebensumfeldes will rechtzeitig geübt sein.

Die Realität der meisten Kinder sieht leider anders aus. Jörg Müller malte in seinem Buch *Was wollt ihr machen, wenn der Schwarze Mann kommt?* einen typischen Beton-Schulbau aus den 1970er-Jahren.

Vorzeichnung, angefangene und fertige Zeichnung von Jörg Müller

Augen auf!

2007 arbeitete ich an einer Jörg-Müller-Retrospektive (Jörg Müller – Die Welt ist kein Märchen – Skizzen, Illustrationen, Bilderbücher). Als ich die eindrucksvollen Originale dieser Bilder in den Händen hielt, war ich verblüfft, wie wenig sie nach fast 40 Jahren von ihrer Aktualität und künstlerischen Frische verloren hatten. Es lag nahe, die Ausstellung mit den Bilderbuchillustrationen Jörg Müllers mit einer zusätzlichen Schau zu verbinden: den Arbeiten der Kinder, die sich mit den Themen „die Veränderung der Landschaft" und „die Veränderung der Städte" beschäftigt hatten.

Der Schweizer Grafiker und Illustrator zeichnete 1972 die Bildermappe *Alle Jahre wieder saust der Presslufthammer nieder oder Die Veränderung einer Landschaft.* Wo anfangs ein Dorf inmitten von Wiesen und Feldern zu sehen ist, findet sich am Ende ein von einer breiten Straße geteiltes Gewerbegebiet mit Einkaufszentrum. Mit akribischer Sorgfalt dokumentierte er die Zerstörung einer Landschaft in der zweiten Hälfte des vorigen Jahrhunderts. Erstaunlicherweise richtete er diese hochpolitische Arbeit an Kinder. Er war davon überzeugt, dass Kinder Bilder genauer wahrnehmen als Erwachsene. Und er wollte die Kinder, die zukünftigen Bewohner der immer gesichtsloser werdenden Städte, auf diese Entwicklungen aufmerksam machen. Es gab für ihn aber noch einen anderen Grund, sich an Kinder zu richten: „Für mich war das eine Art Trojanisches Pferd. Mit diesem Bilderbuch kam ich in die Familien. Ich habe mir gesagt: Das muss einen Schock bei den Eltern auslösen, weil sie die Entwicklung im Zeitraffer sehen. Normalerweise nimmt man diese Veränderung ja kaum wahr: hier geht was kaputt, da wird was gebaut…und so konnten die Eltern den Kindern erzählen, was in der Zeit, seit sie klein waren, passiert war." (Sauer 2007, S. 21)

In den 70er-Jahren waren die vielfach preisgekrönten Bildtafeln nicht nur in den von progressiven Eltern neu gegründeten Kinderläden und in Schulen zu finden, sondern auch in Wohngemeinschaften, Wartezimmern, Architekturbüros und bürgerlichen Wohnungen.

Noch in den vergangenen Jahren wurde Müller auch in asiatischen Ländern für die großartige Dokumentation der Veränderung einer Landschaft ausgezeichnet. Hier kann es nicht darum gehen, dem unwiederbringlichen Kulturgut nachzuweinen, das bereits ohne Not zerstört wurde – obwohl Anlass genug dazu besteht. Viele Kinder können sich für historische Bauwerke begeistern, aber sie wissen, dass moderne Häuser meist bequemer und besser zu heizen sind als die schönen, alten Häuser. Sie erzählen, dass Wohnungen früher nicht über Badezimmer mit fließendem warmen Wasser und Toiletten verfügten. Aber bereits bei den Haustüren scheiden sich die Geister: Mit sicherem Griff suchte ein kleines Mädchen die Bilder mit hässlichen Alu-Türen aus standardisierter Massenproduktion heraus: „Die sind schöner." Hier fängt die ästhetische Erziehung an. Welche Türen hatte der Architekt geplant, als er das Haus gebaut hat? Aus welcher Zeit stammt das Haus? Ist die Eingangsfassade sorgfältig und individuell gearbeitet? Aus welchen Material waren Fenster und Türen? Aus welchem Material sind sie heute? Sind sie handgearbeitet? Sehen alle Türen gleich aus?

Nur die rechtzeitige Auseinandersetzung mit diesen Themen führt zu einem kritischen Bewusstsein, die Voraussetzung ist für eine aktiven Teilnahme an Entscheidungsprozessen über die Zukunft unserer gebauten Umwelt – und damit auch in hohem Maße über die Zukunft der Menschen, die darin leben.

Die Beispiele, die ich für dieses Buch gewählt habe, sollen positive Wege der Architektur aufzeigen und die Kinder anregen, sich mit diesem Thema zu beschäftigen.

Die Ausstellung *Jörg Müller – Die Welt ist kein Märchen* startete im Gewerbemuseum Winterthur. Bereits bei anderen Ausstellungsprojekten in der Schweiz, die ich betreuen konnte (und in denen immer auch Kinder in die Ausstellungsplanung einbezogen wurden), hatte ich Gelegenheit, den ästhetischen Standard der Schweiz kennen zu lernen. Auch in den skandinavischen Ländern ist die künstlerische Arbeit mit Grundschülern und deren Präsentation ein selbstverständlicher Teil der Lehrerausbildung. Ich würde mich freuen, wenn unser Buch einen Beitrag zur ästhetischen Bildung in deutschen Schulen leisten könnte.

In diesem Buch sind Projekte aus Deutschland zu sehen, von denen ich viele selbst begleiten konnte. Das Wilhelm-Lehmbruck-Museum in Duisburg hat in beispielhafter Weise die zukünftigen Besucher im Blick und ist offen für das Thema „Architektur". Durch die gute Vernetzung mit den umliegenden Schulen war es möglich, die Jörg-Müller-Ausstellung mit einer umfangreichen Präsentation interessanter Schülerarbeiten zu kombinieren. Ein weiterer Glücksfall war, dass ich Christine Kretschmer für die kompetente didaktische Umsetzung der Auswertung in Unterrichtseinheiten gewinnen konnte.

Die Gestaltung des Buchs entstand in bewährter enger Zusammenarbeit mit meinem Kollegen Dirk Hrdina, dem ich für sein – weit über die Fragen der Gestaltung hinausgehendes – Engagement danke. Dem Verlag danke ich für die stets konstruktive und sachkundige Zusammenarbeit. Vielen Dank an Gabriela Holzmann und Stefan Hellriegel!

Zu danken habe ich Claudia Cattaneo und Markus Rigert, Gewerbemuseum Winterthur, stellvertretend für alle Ausstellungsstationen; Christoph Brockhaus und Andreas Benedict, Stiftung Wilhelm-Lehmbruck-Museum; dem damaligen Kulturstaatssekretär des Landes Nordrhein-Westfalen, Hans-Heinrich Grosse-Brockhoff; der Bezirksregierung Düsseldorf, Dezernat Kunst- und Kulturförderung; Ulrike Rose und Anne Kraft vom Europäischen Haus der Stadtbaukultur; Niku Schlichting, Köln, und meinem Mann für die kostbare Hilfe bei der Koordination der vielen Beteiligten. Ihm danke ich auch für die großzügige finanzielle Unterstützung des Projekts.

Weiterhin danke ich: Petra Bauhoff, Katholische Grundschule, Kaarst; Michael Bene, Graz, für die Beratung in Architekturfragen; Peter Brinkmann, Stadtarchiv Kaarst; Städtische Gemeinschaftsgrundschule Heinrich Heine, Düsseldorf Heerdt; Thomas Herion, Anja Höller-Hannappel, Frida-Levy-Gesamtschule, Essen; Norman Junge und Johanna Mey, Köln; Thomas Nöcker, Gesamtschule Duisburg Ruhrort; Tatjana Panitschewskaja, Meckinghover Schule, Datteln; Werner Pöhling, Kultur- und Stadthistorisches Museum, Duisburg; Pascal Rousselot, Georg Schulhoff Realschule, Düsseldorf; Barbara Sengelhoff, Benjamin Dammers, Katholische Grundschule Mainzer Straße, Köln; den Kindern Hannah Linden, Köln, Jakob Engel, Hannover, und Justus Mohr, Düsseldorf und meinen Kindern Eva und Fabio.

Inge Sauer

Der Ministerpräsident
des Landes Nordrhein-Westfalen

Stiftung Wilhelm Lehmbruck Museum
Ausstellungs Werkstatt

Literaturverzeichnis

Blundell Jones, Peter: *Peter Hübner. Bauen als sozialer Prozess.* Axel Menges, Stuttgart 2007.

Busch, Stefanie/Noller, Ulrich/Heiß, Sarah (Ill.): *Das Stadtbuch. Hier lebt das Wissen der Welt.* Bloomsbury, Gütersloh 2007.

Fthenakis, Wassilos E.: Vorwort zu: Reicher, Christa/Silke Edelhoff/Päivi Kataikko/Angela Uttke: *Kinder-Sichten. Städtebau und Architektur für und mit Kindern und Jugendlichen.* Bildungsverlag eins, Troisdorf 2006 S. 5 – 7.

Jandl, Ernst/Junge, Norman: *Immer höher.* Beltz & Gelberg, Weinheim 1996.

Kähler, Gert: *Gebaute Geschichte. Ein Geschichtsbuch über Bauen und Denkmalsschutz.* Klett, Stuttgart, Leipzig 2006a.

Kähler, Gert: *Häuser bauen – leicht gemacht? Das Thema „Architektur" gehört in die Schule.* In: Reicher u. a. (2006), S. 22 – 25.

Leitzgen, Anke M./Rienermann, Lisa: *Entdecke deine Stadt.* Beltz & Gelberg, Weinheim 2010.

Lippert, Werner: *Hochhäuser: Mythos – Ingenieurkunst – Baukultur.* In: *Der Traum vom Turm.* Ausstellungskatalog. Ausstellung NRW-Forum, Düsseldorf 2004. Hatje Cantz, Ostfildern-Ruit 2004.

Machowiak, Aleksandra/Mizielinski, Daniel: *Treppe Fenster Klo. Die ungewöhnlichsten Häuser der Welt.* Moritz, Frankfurt 2010.

Maar, Paul: *Türme. Ein Sach- und Erzählbuch von berühmten und unbekannten, bemerkenswerten und merkwürdigen Türmen.* Oetinger, Hamburg 1987.

Müller, Jörg: *Alle Jahre wieder saust der Presslufthammer nieder oder Die Veränderung einer Landschaft.* Sauerländer, Aarau und Frankfurt/Main 1973.

Müller, Jörg/Siegfried, Anita/Schneider, Jürg E.: *Auf der Gasse und hinter dem Ofen. Eine Stadt im Spätmittelalter.* Sauerländer, Aarau 1995.

Müller, Jörg/Steiner, Jörg: *Was wollt ihr machen, wenn der Schwarze Mann kommt?* Sauerländer, Aarau und Frankfurt/Main 1998.

Noon, Steve (Ill.), Steele, Philip: *Eine Stadt im Lauf der Zeit – Von der Antike bis heute.* Dorling Kindersley, München 2004.

Partsch, Susanna: *Wie die Häuser in den Himmel wuchsen. Die Geschichte des Bauens.* dtv, Reihe Hanser, München 2002.

Reicher, Christa/Edelhoff, Silke/Kataikko, Päivi/Uttke, Angela: *Kinder-Sichten. Städtebau und Architektur für und mit Kindern und Jugendlichen.* Bildungsverlag eins, Troisdorf 2006.

Sauer, Inge: *Die Welt ist kein Märchen.* Nimbus Kunst und Bücher, Wädenswil 2007.

Scheffler-Rother, Ulrike: *Die Rolandschule.* Rheinischer Verein für Denkmalpflege und Landschaftsschutz, 2004.

Seror, Dorothea: *Die Streitschlichterbox.* Kunst und Unterricht, Heft 293 / 2005.

Toyka, Rolf/Regös, Ferenc B./Ossenkop, Heike: *Achtung, fertig, Baustelle! Wie ein Haus geplant und gebaut wird.* Gerstenberg, Hildesheim 2009.

Walden, Rotraut/Borrelbach, Simone: *Schulen der Zukunft. Gestaltungsvorschläge der Architekturpsychologie.* Asanger, Kröning 2002.

Wille, Hartmut: *Architektur. Kreativer Kunstunterricht in der gymnasialen Oberstufe.* Auer, Donauwörth, 2003.

Wüstenrot Stiftung (Hrsg.): *Schulen in Deutschland. Neubau und Revitalisierung.* Karl Krämer, Stuttgart, Zürich 2004.

Internetadressen

Die Baupiloten, Berlin. Neubau, Umbau und Sanierung von Schulen in Partizipation mit den Nutzern. Susanne Hofmann Architekten in Zusammenarbeit mit dem Institut für Architektur der Fakultät VI der TU Berlin: www.baupiloten.com

BUND, Bund für Umwelt und Naturschutz e. V. Zum Thema „Natur in unserer Stadt“: www.bund.net

Bund Schweizer Architekten, unterstützt vom Departement für Architektur an der ETH Zürich. Wir bauen eine Stadt, Pilotprojekt Suhr: Themenwoche 2005.
Ein Projekt der Fachstelle Architektur und Schule in Zusammenarbeit mit der Primarschule Feld in Suhr: www.architekten-bsa.ch

Europäisches Haus der Stadtkultur e. V., Gelsenkirchen: www.stadtbaukultur.nrw.de

JAS-Jugend Architektur Stadt, Verein zur Förderung baukultureller Bildung: www.jugend-architektur-stadt.de

Lernräume aktuell, Inspiration für Bildungsbauten: www.lernraeume-aktuell.de

M:AI, Mobiles Forum zur Präsentation von Architektur und Ingenieurkunst in Nordrhein-Westfalen: www.mai-nrw.de

Montag-Stiftungen Bonn, Lebens- und Lernraum Schule, Pädagogische Architektur: www.montag-stiftungen.com

Wüstenrot Stiftung, Curriculum Bausteine für den Unterricht: www.wuestenrot-stiftung.de

Weitere Informationen und Anregungen bekommen Sie von den Landesarchitektenkammern und dem Bund Deutscher Architekten, jeweils bei der Abteilung Öffentlichkeitsarbeit.

Erkundigen Sie sich auch beim lokalen Stadtplanungsamt oder dem Kulturamt über die Möglichkeiten für Schüler, sich mit Stadtplanung und Architektur zu beschäftigen.

Quellennachweise

Cover *oben* Fotos: Inge Sauer; *unten links* Norman Junge, zu Ernst Jandl: *Immer höher,* Beltz und Gelberg, Weinheim, 1996; *unten Mitte* Foto: Inge Sauer; *unten rechts* Inge Sauer aus dem Bildzyklus *Dschungel*

8 *1* Zeichnung eines 4-jährigen Kindes: Archiv Inge Sauer; *2* privates Foto; *3, 4* Quelle: H. Schaefer u. a.: *Spiel Zeit Geist,* Zur Ausstellung im Haus der Geschichte der Bundesrepublik Deutschland. Prestel, München, 1994; *5* Quelle: *Die Stadt im Kasten.* Zur Geschichte des Baukastens. Ausstellung 1999–2000, Stadtgeschichtliches Museum Leipzig

9 Foto: Inge Sauer. Plakat: © Die Republikaner/© Bürgerbewegung pro NRW

10 *1, 2* Quelle: Wüstenrot Stiftung (Hrsg.): *Schulen in Deutschland, Neubau und Revitalisierung.* Karl Krämer, Stuttgart, Zürich, 2004, S. 289 u. 132; *3* Sonderdruck aus *The Architectural Review,* Text von Peter Blundell Jones, plus+ bauplanung, Peter Hübner, S. 4

11 *1* Titel der Broschüre der Architektenkammer NRW *Kids – Kammer in der Schule,* 2002; *2* Broschüre *JAS vor Ort,* Jugend Architektur Stadt e. V., Essen, 2010

12, 13, 14 Zeichnungen: Jörg Müller (Jörg Müller: *Alle Jahre wieder saust der Preßlufthammer nieder, oder Die Veränderung einer Landschaft.* Sauerländer, Aarau und Frankfurt/Main, 1973)

15 Jörg Müller bei der Arbeit an *Hier fällt ein Haus, dort steht ein Kran und ewig droht der Baggerzahn, oder Die Veränderung einer Stadt;* Foto: Jeanne Chevalier (aus: *Jörg Müller – Die Welt ist kein Märchen, Skizzen, Illustrationen Bilderbücher,* hrsg. von Inge Sauer. Nimbus Kunst und Bücher, Wädenswil, 2007, S. 42)

16, 17 Fotos: Stadtarchiv und Verwaltungsbücherei Kaarst

18 Fotos: Inge Sauer

19, 20, 21 *links und rechts unten* Stadtarchiv und Verwaltungsbücherei Kaarst

21 *oben* Inge Sauer

22, 25, 26, 27 Jörg Müller, Anita Siegfried, Jürg E. Schneider: *Auf der Gasse und hinter dem Ofen. Eine Stadt im Spätmittelalter.* Sauerländer, Aarau, 1995

23, 24 Ausstellung *Jörg Müller – Die Welt ist kein Märchen,* kuratiert von Inge Sauer, Kornhausforum Bern, April/Mai 2009, Fotos: Inge Sauer

28 *oben* Jörg Müller; *Mitte, unten* Fotos: Inge Sauer

29 Ausschneidebogen mit Häusern und Staffage, kolorierter Holzschnitt der Firma Johann Georg Haym, Augsburg um 1700 / © Germanisches Nationalmuseum, Nürnberg

30, 32, 33 Schülerarbeiten Klasse 5: Archiv Inge Sauer

31, 35 *oben* Zeichnungen: Inge Sauer

34, 35 *unten 1, 2, 4 – 13* Inge Sauer; *3* Jörg Müller, Biel

36 Foto: Inge Sauer

37 Foto: Eva Sauer: *Last night a blue thing drifted down the valley.* Ausstellungskatalog, Archivio Fotografico Toscano, Comune di Prato, Regione Toscana, 2009, S. 48/49

38 Illustration: Inge Sauer; Gedicht von Gina Ruck-Pauquèt mit freundlicher Genehmigung der Verfasserin

40, 41, 42, 43, 44, 45, 46, 47 Fotos: Inge Sauer

48 *oben* Rolandschule, Düsseldorf; Quelle: Rheinischer Verein für Denkmalpflege und Landschaftsschutz: *Die Rolandschule.* (Broschüre, o. J.); Foto: Walter Klein; *unten* Foto: Inge Sauer

49 Steinbart Gymnasium, Duisburg; *oben* Bau aus dem 19. Jahrhundert (Foto: Schularchiv); *unten* Neubau nach der Kriegszerstörung (Foto: Inge Sauer)

51, 52 *oben,* **54, 56** *unten* Städtische Gemeinschaftsgrundschule Heinrich Heine, Düsseldorf Heerdt, Fotos: Inge Sauer

51, 52, 53 *unten,* **56/57** Schülerarbeiten 3. Klasse: Archiv Inge Sauer

53 *oben* Foto: Stadtarchiv Düsseldorf

55 Jackson Pollock: © Pollock-Krasner Foundation/VG Bild-Kunst, Bonn 2011 / akg-images/Cameraphoto

58 *oben* Kita Traumbaum: Die Baupiloten, Berlin; Fotos: Jan Bitter © janbitter.de; *Mitte und unten* Evangelische Gesamtschule Gelsenkirchen-Bismarck: plus+ bauplanung, Peter Hübner; Fotos: Inge Sauer

60 Fotos: Inge Sauer

61 Foto: Stadtarchiv Düsseldorf

62, 63 Fotos: Inge Sauer; Schülerarbeiten 3. Klasse: Archiv Inge Sauer

64 Quelle: Stadtwerke Düsseldorf: *StromStärken, 100 Jahre Strom für Düsseldorf,* Buch zur Jubiläumsausstellung 1991, S. 55

66, 67, 68, 69, 71 Fotos: Inge Sauer

70 Zeichnungen: Inge Sauer

72 Fotos: *1, 2* Niku Schlichting, Köln; *3* Dirk Hrdina, Bonn

73, 74, 75 Fotos: Inge Sauer

75 *unten* Thomas Hirschhorn: *Two Families,* K21, Düsseldorf / © VG Bild-Kunst, Bonn 2011

76, 77 *unten* Fotos: Niku Schlichting, Köln

77 *oben* Foto: Tatjana Panitschewskaja, Duisburg

78 *1* Alice und Martin Provensen: *Die neue Arche Noah.* Otto Maier Verlag Ravensburg, o. J. (1952), S. 38; *2, 4* Foto: Inge Sauer; *3* Foto: Eva Sauer, Florenz; *5* Michael Sowa: *Zum Kartoffellagerhaus,* 1991, aus: Michael Sowa: *Bilder aus zwei Jahrhunderten.* Haffmans, Zürich, 1992; *6 Steinhaus* von Günter Domenig, Architekten Domenig & Wallner ZT GmbH Graz; Foto: Inge Sauer; *7* Quelle: Hans Fischer: *Pitschi.* Europa Verlag, Stuttgart, 1954; *8, 9* Objekte und Fotos: Inge Sauer; *10* Foto: Regina Schwarz, Langenfeld

79 Foto: Inge Sauer

80 *1* historischer Stich, anonym; *2, 11, 12* Schülerarbeiten: Archiv Inge Sauer; *3, 6, 7, 10, 14* Zeichnungen: Inge Sauer; *4* historische Zeichnung zur Entdeckung Amerikas, koloriert, Archiv Inge Sauer; *5* Ole Könnecke: *Wie ich Papa die Angst vor Fremden nahm.* Hanser, München/ Wien, 2003; *8* kolorierter historischer Stich, anonym; *9* Quelle: Hans Fischer: *Pitschi.* Europa Verlag, Stuttgart, 1954; *13* Quelle: *Picture Sourcebook for Collage and Decoupage.* Idea Books, Amsterdam, 1974

81, 82 Schülerarbeiten: Archiv Inge Sauer

82 *oben* **Zeichnungen aus: Hans Fischer:** *Der Geburtstag.* **Artemis, Zürich, 1959**

83 Fotos und Objekt: Inge Sauer; Schülerarbeit: Archiv Inge Sauer

84 Foto, Zeichnung *oben:* Inge Sauer; Schülerarbeit: Archiv Inge Sauer

85 Michael Sowa: *Zum Kartoffellagerhaus,* 1991, aus: Michael Sowa: *Bilder aus zwei Jahrhunderten.* Haffmans, Zürich, 1992; Schülerarbeiten: Archiv Inge Sauer

86 de Chirico: Der große Turm, 1913 / © VG Bild-Kunst, Bonn 2011 / © akg-images

87 *1* Manhattan Skyline © Dirk Hoffmann/Fotolia.com (#12565024); *2* Robert Delaunay: *Eiffelturm,* 1920 / © Peter Willi – ARTOTHEK / © L&M Services, Den Haag 2011; *3* Pisa, Torre Pendente, historisches Foto, anonym; *4* italienisches Gemälde, ca. 15. Jh.; *5* Pieter Bruegel d. Ä.: *Turmbau zu Babel,* 1563 / © akg-images/Erich Lessing; *6* Köln, Rheinansicht von Südosten; Holzschnitt, Blatt 91 aus Hartmann Schedels *Weltchronik,* 1493; *7* Turm des Victoria-Hauses, Düsseldorf, Arch. Hentrich-Petschnigg & Partner GmbH & Co KG; Foto: Inge Sauer; *8* Schülerarbeit: Archiv Inge Sauer; Foto: Inge Sauer, *9* Einsteinturm Potsdam; Foto: Astrophysikalisches Institut Potsdam

88 Norman Junge, Illustrationen zu Ernst Jandl: *Immer höher,* Beltz und Gelberg, Weinheim, 1996

89 Gedicht: Ernst Jandl, *Poetische Werke,* hrsg. von Klaus Siblewski © 1997 Luchterhand Literaturverlag, München, in der Verlagsgruppe Random House GmbH; Foto: *NYC Skyline With The Twin Towers* © robert paul/Fotolia.com (#19855091)

90, 91 Norman Junge mit Kindern der Stefan-Lochner-Grundschule, Köln; Fotos: Johanna Mey, Köln

92 Zeichnung: Annegert Fuchshuber (aus: Jurek Becker: *Das Märchen von der kranken Prinzessin.* Verlag St. Gabriel, Mödling-Wien, 1993)

93 Fotos: Niku Schlichting, Köln

94 Broschüre *Architektur und Schule:* Fachstelle Schule und Architektur, ETH Zürich, Coverfoto: © Petri Zimmermann – de Jager

95 Foto: Inge Sauer

96, 97 Modelle aus dem Pilotprojekt Suhr in der Ausstellung *Die Welt ist kein Märchen* im Kornhausforum in Bern und Modell der Stadt Duisburg von 1566, Stadtmuseum Duisburg; Fotos: Eva Sauer, Florenz, und Inge Sauer

98 Foto: Inge Sauer; Zeichnung: Inge Sauer / © BR 23/1990 – gebastelte Stadt – Nöttgens/Brigitte/Picture Press; Zeichnung: Inge Sauer

99 Objekte und Foto: Inge Sauer

100, 102, 103 Ausschneidebögen für *Brigitte*, Gruner und Jahr, Hamburg 1990, Ill. Inge Sauer, mit freundlicher Genehmigung

101 Fotos: Inge Sauer

104 Objekte und Fotos: Inge Sauer

106 Arbeiten von Schülerinnen und Schülern des Marie-Curie-Gymnasiums, 19.8.2007 – 26.8.2007, Atelier Bildung und Pädagogik, museum kunst palast, Düsseldorf

107 Fotos: *1, 2, 4, 5* Inge Sauer; *3* Dirk Hrdina, Bonn

108 *1* Foto: Inge Sauer; *2* Abenteuer Kunst. Bilder und Objekte von Kindern, 29.9.2002 – 24.11.2002, museum kunst palast, Atelier Bildung und Pädagogik Foto: Stiftung museum kunst palast, Düsseldorf; *3* Bilder und Objekte von Kindern, 10.7.2004 – 1.8.2004, museum kunst palast, Atelier Bildung und Pädagogik, Foto: Stiftung museum kunst palast, Düsseldorf

109 Ausstellung in einer Grundschule; Fotos: Inge Sauer

110, 111, 112, 113 Projekte Die Baupiloten, Berlin, Fotos: Jan Bitter © janbitter.de

115 Zeichnung: Jörg Müller: *Was wollt ihr machen, wenn der Schwarze Mann kommt?* Sauerländer, Aarau und Frankfurt/Main, 1998

116 Zeichnungen: Jörg Müller: Skizzen und Vorarbeiten zu *Die Veränderung der Stadt,* aus: Inge Sauer: *Die Welt ist kein Märchen.* Nimbus Kunst und Bücher, Wädenswil 2007, S. 39